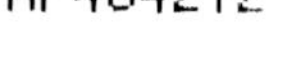

Couverture inférieure manquante

**Cahier interverti à la couture rétabli à la prise de vue ( Du début du volume à la page 1)**

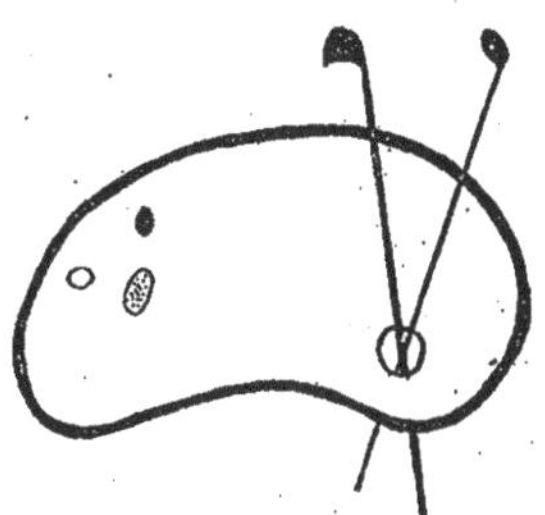

DEBUT D'UNE SERIE DE DOCUMENTS EN COULEUR

**Paul CUCHE**
Professeur à la Faculté de droit
de Grenoble



# EN LISANT les Juristes Philosophes

PARIS
J. DE GIGORD, Éditeur
15, RUE CASSETTE, 15

1919

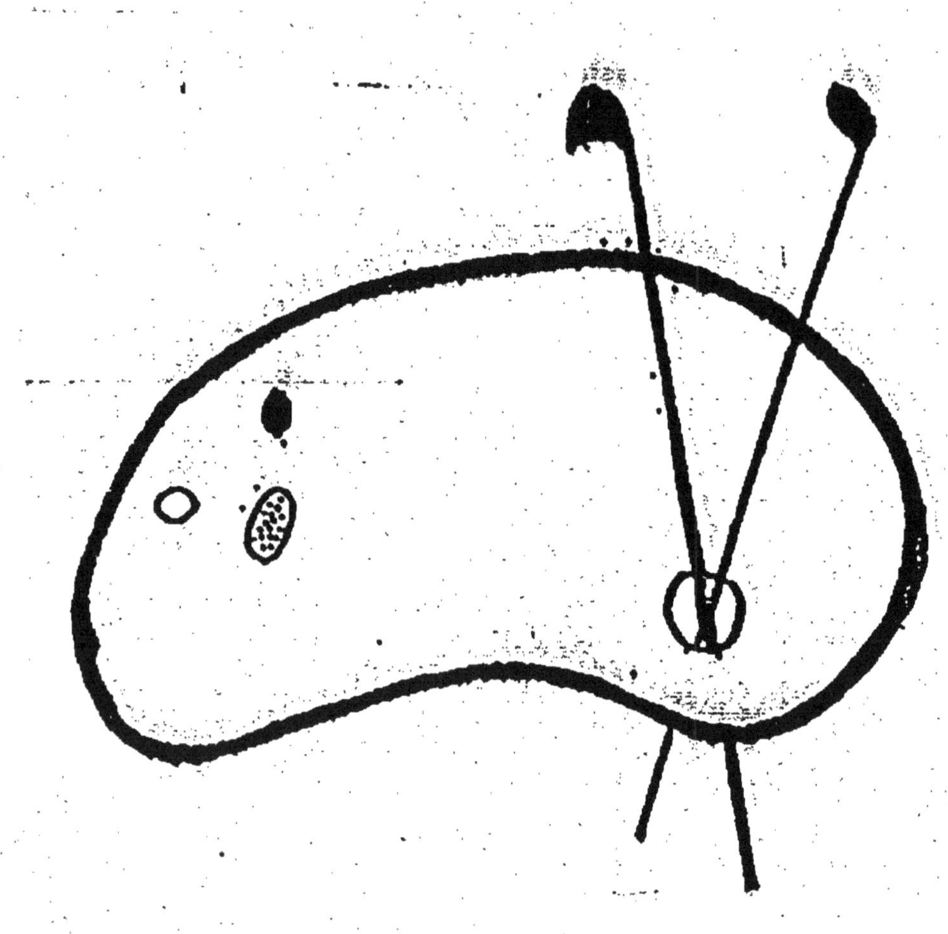

FIN D'UNE SERIE DE DOCUMENTS
EN COULEUR

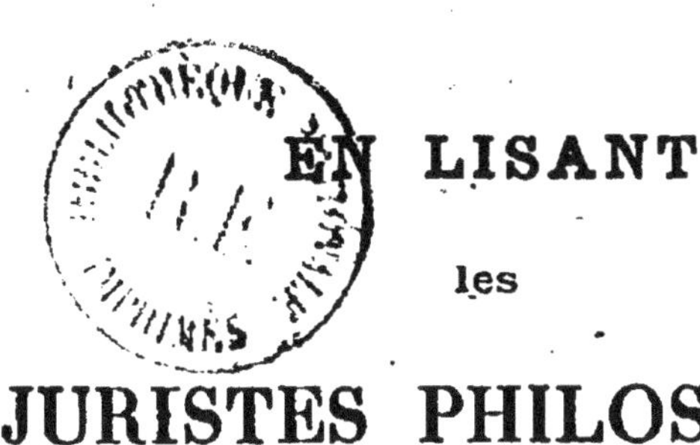

# EN LISANT
les
# JURISTES PHILOSOPHES

**Paul CUCHE**
Professeur à la Faculté de droit
de Grenoble

---

# EN LISANT
## les
# Juristes Philosophes

PARIS
J. DE GIGORD, Éditeur
15, RUE CASSETTE, 15.

1919

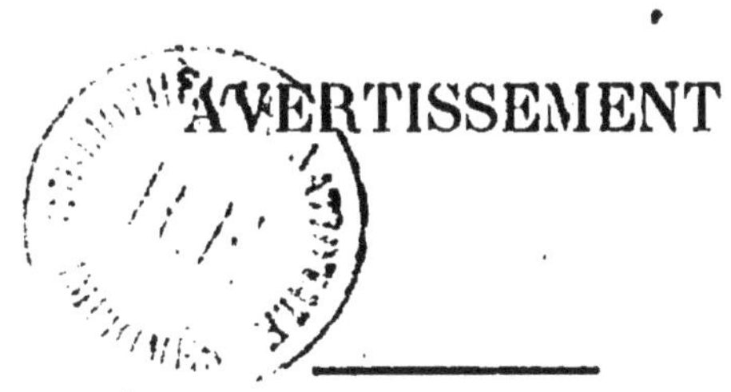

# AVERTISSEMENT

Ce titre précise à la fois l'origine et la portée des réflexions qui vont suivre.

Il nous arrive parfois d'encombrer de notes les marges de nos livres, lorsque nous réagissons rapidement à la pensée d'autrui.

Ce n'est guère qu'un recueil de semblables annotations que je me permets de présenter au lecteur, après les avoir coordonnées de mon mieux. Je n'ai pas cru devoir les dépouiller de leur forme native pour leur donner un costume scientifique, où elles eussent pris un fâcheux air d'importance, sans compter que la lecture en fut devenue moins facile.

Et surtout j'ai renoncé à les hérisser de réfé-

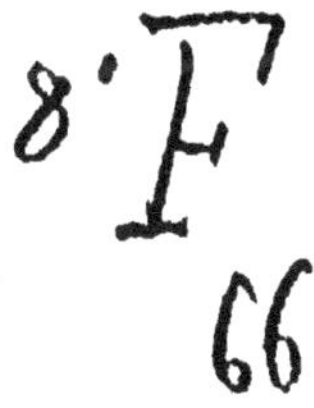

rences et de citations. La documentation n'est pas toujours un service qu'on offre, c'est souvent une vanité qui s'étale, plus souvent encore une insuffisance qui se trahit, l'insuffisance de l'assimilation.

---

# EN LISANT LES JURISTES PHILOSOPHES

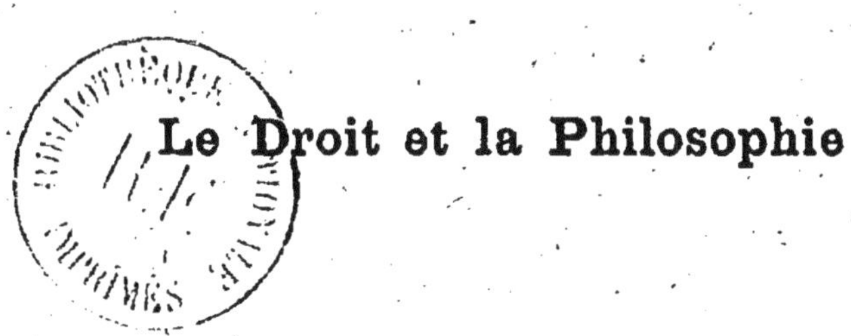

## Le Droit et la Philosophie

Il y a vingt-cinq ans, Tarde écrivait : « Le droit est de tous les domaines de la vie sociale celui où la spéculation philosophique s'est le moins exercée jusqu'à nos jours (1) ».

Et, pour sa part, il avait travaillé à rattraper le temps perdu.

S'il vivait encore, sans doute son opinion se modifierait-elle. Les études de philosophie du droit sont aujourd'hui en faveur, et l'on ne peut plus reprocher aux Juristes de s'absorber dans les

(1) Tarde, *Les transformations du Droit*, Paris, 1893, p. 1.

discussions de textes et les problèmes de pure technique.

Tous les jours plus nombreux sont ceux qu'étreint l'inquiétude de la finalité du droit et qui se mettent courageusement à la recherche de cette « Inconnue » de cette « réalité permanente » dont les sources du droit positif ne sont que les « modes contingents d'expression (1) ».

Je dis courageusement, car leurs tentatives qui jettent la suspicion sur une idéologie traditionnelle, dont s'étaient accommodées des générations de juristes, ne sont pas suivies avec une sympathie unanime. L'hostilité sourde qu'elles rencontrent est faite d'éléments divers : mécontentement d'être troublé dans un repos d'esprit que l'on avait cru définitif, dédain systématique pour des spéculations que l'on juge dépourvues de conséquences pratiques, enfin crainte du qu'en-dira-t'on.

Oui, crainte du qu'en-dira-t-on ; car ne faut-il pas se préoccuper de l'impression produite sur l'esprit public par de pareilles recherches? Comment ! va-t-on dire, en plein xx^e siècle et cent ans

(1) Geny, *Science et technique du Droit privé positif*, Paris, 1914, p. 41.

après les codifications napoléoniennes, on ignore encore tout de l'origine et de la fonction du Droit, on met en doute l'existence même des droits individuels, qualifiés de droits subjectifs ! Passe encore de pareilles incertitudes chez les économistes. Le régime de la production et des échanges a subi de nos jours des transformations si profondes que l'on s'explique l'imprécision de certaines notions économiques fondamentales. D'ailleurs la science économique est encore en pleine jeunesse : on peut lui faire crédit de quelques siècles pour reconnaître ses frontières et améliorer ses formules.

Mais le Droit ! N'est-il pas contemporain des premiers âges de l'humanité ? Voilà des milliers d'années que l'on édicte des lois, et, qui plus est, qu'on les applique. Se peut-il que la véritable mission du législateur soit encore à définir et que le fondement des droits soit encore à dégager ? N'est-il pas troublant de penser que l'on assure par voie de contrainte le respect de certaines situations, dites juridiques, alors qu'on se demande encore pourquoi elles sont respectables ?

Ne devrions-nous pas être en possession de quelques dogmes juridiques intangibles ? Quelle pauvre idée va-t-on se faire du labeur des Juristes, qui n'ont pas réussi à dissiper l'obscurité dans ces carrefours, où la bataille des idées est déchaînée depuis la naissance des sociétés humaines !

Ainsi s'exprime ce que j'ai cru pouvoir appeler la crainte du qu'en-dira-t-on.

Il arrive souvent que l'ironie s'en mêle.

Après tout, ajoute-t-on, faites comme il vous plaira ; mais ne croyez pas à l'importance pratique de vos recherches et de vos spéculations. Les institutions et le droit d'un peuple sont le produit nécessaire de son passé et non la création d'une volonté libre et réfléchie, tendant à réaliser une conception doctrinale. A-t-on cessé de châtier les criminels parce que les criminalistes sont en désaccord sur le fondement du droit de punir ? Ne craignons pas que les sources du droit viennent à tarir, parce qu'on aura livré à la discussion le but même du droit. Le besoin de vivre en société est lié à un instinct qui impose aux hommes la recherche et le respect des conditions indispensables à cette vie sociale, à son développement et à sa fécondité. S'il vous convient de disserter sur l'origine et la finalité du droit, abandonnez-vous sans arrière pensée à ce grave passetemps. La face du monde n'en sera point changée !

Tel serait peut-être le langage de ceux que M. Gény appelle « les jurisconsultes d'hier (1) ». C'est sans doute à la même catégorie d'esprits que faisait allusion M. Charmont, lorsque, se posant la question suivante « Qu'est-ce que le Droit ? Est-ce une donnée de la raison ou du sentiment ?, » il répondait : « Je serais très tenté de croire que le Juriste n'en pense rien (2) ». Cette boutade est vieille de plus de dix ans. Il s'est fait depuis un travail important dans les esprits. Je suis persuadé qu'à l'heure actuelle, si le Juriste n'est pas encore arrivé à « penser » quelque chose touchant un aussi grave problème, il a, tout au moins, le vif désir de penser.

L'indifférence n'est plus de mode en face de ces questions-là. On ne se résigne plus à fermer les yeux, pour conserver l'illusion qu'elles ne se posent pas et s'épargner surtout la peine d'en chercher la solution. La peur de penser n'était en somme

(1) *Les méthodes juridiques*, Paris, 1911, p. 185.

(2) CHARMONT, *Sources du droit positif à l'époque actuelle*. Revue de métaphysique et de morale, 1906, p. 117.

qu'une forme de la peur de vivre. Finie également la génération du dilettantisme ! Saluer au passage toutes les opinions en leur faisant en apparence le même crédit, n'est plus à notre avis un élégant procédé de synthèse, mais l'aveu déguisé d'une impuissance. Au dilettantisme a succédé l'inquiétude, état d'esprit moralement et intellectuellement bien supérieur.

Enfin, pour ce qui est de la conception matérialiste de l'histoire, et, en particulier, de l'histoire du Droit, je ne dirai pas qu'elle a fait son temps, car elle renferme une part de vérité, mais il ne faut y voir justement qu'une explication partielle des transformations du droit. L'évolution du droit n'est pas déterminée seulement par des faits, historiques ou économiques, mais aussi par des sentiments et des croyances. Le déclin ou l'ascension de certaines idées dans l'esprit public laisse toujours sa trace dans les institutions. Or qui ne sait que ce déclin où cette ascension ont parfois des causes accidentelles, difficiles à rattacher à « la nature des choses » : une propagande bien faite, une active campagne de presse, l'invention d'une formule heureuse par un publiciste, enfin et surtout l'action personnelle des hommes de génie. Qu'on n'objecte pas que, si cette action a pu s'exercer, si cette campagne ou cette propagande a pu réussir, c'est que le terrain était préparé et que, tôt ou tard, l'esprit public fut devenu tel qu'elles l'ont fait, je répondrai d'abord qu'il est impossible d'en administrer la preuve et ensuite que, la preuve serait-elle faite, il n'est pas indifférent que, dans ce terrain préparé, la semence ait été jetée tôt ou tard. Hâter d'un siècle ou d'un demi-siècle par l'enseignement, le journal ou le livre, l'éclosion ou l'acclimatement d'une idée morale ou sociale chez un peuple, c'est parfois en changer les destinées, c'est l'exposer à des crises qu'il eût évitées, c'est aussi peut-être lui permettre de jouer un rôle qu'il n'eût jamais assumé, c'est enfin, puisque nous sommes sur le domaine du droit, faciliter chez lui l'accès d'institutions que, cinquante ans plus tard, il n'eût pas accueillies et qui continuent à subsister dans des conditions où elles n'auraient pu naître.

Maintes fois, dans notre pays, la législation et la jurisprudence ont subi l'influence de tendances philosophiques ou religieuses ou de conflits doctrinaux. Il est banal de rappeler ce que certains actes législatifs importants du Droit intermédiaire doivent à Rousseau, Bentham ou Beccaria, dont l'empreinte est encore profonde dans notre Code civil et notre Code pénal. L'histoire de nos institutions répressives au XIX^e siècle fournirait dans le même sens un champ d'observations moins nombreuses, mais tout aussi déterminantes.

Et d'ailleurs le simple bon sens ne nous indique-t-il pas qu'il ne saurait en être autrement? Quelle réponse, par exemple, peut-on faire, de bonne foi, aux questions suivantes?

Est-il pratiquement sans intérêt que le législateur ou le juge conçoive le droit de propriété comme le corollaire et le prolongement indispensable de la liberté humaine, ou bien qu'il y reconnaisse un élément de fonction sociale incompatible avec le « jus abu tendi » exercé sans limite?

Est-il indifférent de considérer l'état de mariage comme une situation à caractère contractuel prépondérant, où l'intérêt personnel des conjoints contractants est mis au premier plan, ou bien comme une situation institutionnelle, dont la durée ne saurait être subordonnée à la persistance des consentements qui lui ont donné naissance ?

Est-il indifférent d'avoir une « doctrine sociale » pour élaborer la réglementation légale du contrat individuel ou du contrat collectif de travail, de leur nature et de leurs effets ?

Enfin, pour tout réunir en une formule :

Est-il indifférent de donner à la règle de droit l'autonomie de la volonté comme fondement ou de donner à la volonté la règle de droit comme but ?

Répondre non à ces questions, c'est affirmer implicitement l'obligation pour les Juristes d'avoir une philosophie.

---

## Le Droit, la Métaphysique et la Solidarité sociale

---

Dans leurs recherches des notions fondamentales sur l'origine et le but du Droit... et des droits, c'est sur la question de méthode que les Juristes philosophes se sont tout d'abord séparés.

Pour s'élever à ces notions, les uns acceptent et même implorent le secours de la métaphysique. « L'effort du Jurisconsulte, a écrit M. Gény, tend donc à savoir pour pouvoir, avec prédominance du dernier terme qui exprime le but final, sur le premier, qui n'est guère plus qu'un moyen d'y atteindre. En vue d'aboutir en l'un ou l'autre sens, il serait assurément précieux d'avoir *au préalable* scruté à fond les deux problèmes que l'on rencontre au seuil de toute recherche philosophique : problème de la connaissance, qui seul peut fixer la valeur et préciser les moyens de nos regards sur le monde, problème de l'action, derrière lequel apparaît le mystère de la destinée humaine (1) ».

D'autres, au contraire, non seulement prétendent s'en passer, mais proclament l'impuissance de la métaphysique à soutenir les constructions du droit moderne fondé sur des notions « d'ordre purement réaliste (2). »

Le conflit est trop grave pour qu'il soit possible de passer outre sans prendre parti. Mais auparavant il faut s'en faire une idée nette, en précisant le sens des expressions qui se font antithèse, « notions métaphysiques », d'un côté, « notions d'ordre réaliste », de l'autre, ou même simplement le sens de l'une d'elle, car le sens de l'autre s'en dégagera par contraste.

Qu'est-ce donc qu'une notion métaphysique? La réponse dépend évidemment de la définition de la métaphysique elle-même, à qui tous les philo-

(1) *Science et technique du droit privé positif*, p. 72.
(2) Duguit, *Les transformations du droit privé*, p. 9 et 24.

sophes ne reconnaissent pas le même domaine.

La métaphysique est-elle la science de l'être et des premiers principes, appelée ontologie par les scholastiques ? Faut-il la concevoir avec Bergson comme l'expérience intégrale, la connaissance de l'absolu par le moyen de l'intuition (1) ? Ou bien la métaphysique ne serait-elle pas un terme vague, mais commode, englobant toutes les opérations de l'esprit qui ne prennent pas leur appui sur les données de la science expérimentale ?

J'incline à croire que cette dernière conception est bien celle de M. Duguit, car elle est celle des positivistes, avec qui il est en communion intellectuelle, sans toutefois s'insérer dans leurs rangs.

Dès lors la question qui se pose est la suivante : Est-il possible de dégager de la seule observation des faits le fondement et le but de la règle de droit ? Ou bien ne peut-on se dispenser d'employer à cette recherche d'autres données que celles de l'expérience et faut-il avoir recours à des notions transcendantales, reflet de nos croyances philosophiques ou religieuses ?

(1) Bergson, *Introduction à la métaphysique. Passim*, dans la *Revue de Métaphysique et de Morale*, 1903, p. 1.

M. Duguit répond affirmativement sur le premier point et négativement sur le second.

D'après lui, le fondement de la règle de droit est la solidarité ou interdépendance sociale. « L'homme isolé... est une pure fiction : il n'a jamais existé. L'homme est un être social, il ne peut vivre qu'en société, il a toujours vécu en société (1). Or « la société ne subsiste que par la solidarité (2) » des individus qui la composent. Donc toute règle de conduite — et le Droit n'est qu'un ensemble de règles de conduite — ne peut avoir d'autre but que le suivant : ne rien faire qui diminue la solidarité sociale, faire tout ce qui peut l'accroître et la développer.

Et si tel est le fondement de la règle de droit, il s'ensuit que les droits individuels, c'est-à-dire les situations, sanctionnées par la contrainte juridique, qui résultent pour les individus de l'application, qui leur est faite, des règles de droit, ne peuvent avoir d'autre finalité que ces règles elles-mêmes. Si le droit individuel est quelque chose, il ne saurait être que la faculté, reconnue à celui qui

(1) Duguit, *Les transformations du droit privé*, p. 18.
(2) Duguit, *Traité de droit constitutionnel*, t. Ier, p. 17.

l'exerce, « de consacrer son activité propre à la réalisation de la solidarité sociale (1) ».

Je crois avoir en ces quelques lignes résumé fidèlement la théorie bien connue de M. Duguit. Cette théorie, il l'a qualifiée maintes fois de réaliste et de positive. Il lui arrive même de l'appeler « socialiste » (2), mais en donnant à ce mot une signification particulière et destinée à rester inusitée. Nous nous en occuperons plus bas.

Ne retenons pour le moment que les deux premières épithètes, où s'affirme la conviction de M. Duguit, que sa théorie est construite sans aucun appui métaphysique.

Conviction fort discutable, comme ont déjà entrepris de le prouver quelques critiques, philosophes ou juristes (3).

Mais il ne me semble pas que la discussion ait été complète et menée jusqu'au bout. Or, comme il s'agit ici d'un problème capital, — je l'ai déjà dit et je saisirai toutes les occasions de le répéter —

(1) Duguit, *Traité de droit constitutionnel*, t. Ier, p. 20.

(2) Duguit, *Les transformations du droit privé*, p. 8.

(3) Archambault, *Essai sur l'individualisme*, Paris, 1913, p. 156,

il importe que tous les éléments de décision soient rigoureusement mis en lumière, et surtout que toutes les formules équivoques soient rejetées du débat.

Je vais donc essayer d'établir qu'il est impossible, sans faire de métaphysique, c'est-à-dire, sans faire appel à des données extraexpérimentales :

1° de proposer un fondement quelconque pour la règle de droit ;

2° de proposer en particulier, comme fondement de la règle de droit, la solidarité ou interdépendance sociale.

I. — Il convient évidemment pour entreprendre la première partie de ma démonstration de définir la règle de droit, mais je ne crois pas qu'une définition scientifique, ou, si l'on veut, doctrinale, soit nécessaire, ce qui est fort heureux, car il ne serait guère possible de la fournir sans utiliser, par avance, les conclusions de ma démonstration, et sans commettre une sorte de pétition de principes. Contentons-nous d'une définition concrète, suffisante pour qu'il n'y ait aucune incertitude sur l'objet défini, bien que n'impliquant aucun préjugé sur la nature et la fin de cet objet. Nous verrons donc une règle de droit dans toute disposition législative créant ou donnant le moyen de créer entre des personnes juridiques des rapports, dont le respect peut être assuré par la contrainte sociale. Ce sont ces rapports qui, dans une certaine terminologie, prennent le nom de droits subjectifs.

Ainsi définie, la règle de droit se différencie profondément de la loi sociale. La loi sociale est un rapport naturel de causalité entre des faits sociaux, rapport dont la connaissance nous est révélée par l'observation. C'est une donnée, qui ne nous est pas suggérée par la conscience, mais qui est dégagée des faits eux-mêmes ; par exemple, la loi de l'imitation, la loi de la sélection naturelle, les lois économiques, les lois de la criminalité.

A côté de ces lois sociales, qui sont des « lois de cause », la règle de droit apparaît comme « loi de but », comme une contrainte ou une direction imposée à l'activité humaine, sous l'inspiration d'une finalité qui entre parfois en lutte avec le jeu naturel et brutal des lois sociales.

M. Duguit reconnaît d'ailleurs cette opposition ;

il la reconnaît même si complètement que c'est à lui que j'emprunte ces expressions « lois de cause » et « lois de but ». Il est vrai que les passages où il les emploie mettent en contraste la règle de droit avec les lois physiques plutôt qu'avec les lois sociales. « Les lois du monde physique et biologique, dit-il, sont des lois de cause, la règle sociale est une loi de but (1). »

Et ailleurs, « Le monde social a ses lois comme le monde physique, mais ce sont des lois d'ordre différent, les unes s'appliquent à des faits inconscients, déterminés les uns par les autres et sont des lois de cause. Les autres s'appliquent à des volontés qui poursuivent consciemment un but et sont des lois de but (2). »

Remarquons en passant que ces formules pèchent un peu par le manque de netteté — ce n'est pas un grief que l'on puisse souvent faire à leur auteur — et que les mots « règle sociale » y sont évidemment pris dans le sens de « règle de droit ». La chose ne fait aucun doute et ne vaut pas qu'on s'y arrête.

(1) Duguit, *L'État, le droit objectif et la loi positive*, p. 17.
(2) Duguit, *Traité de droit constitutionnel*, t. Ier, p. 17.

Nous pouvons donc considérer comme acquis que même les juristes, qui poursuivent la métaphysique de leur haine persistante, ne font aucune difficulté de reconnaître que la règle de droit, dont il s'agit de trouver le fondement dans l'observation des faits et en dehors de la métaphysique, est bel et bien une « loi de but ».

Cette attitude intellectuelle est à mes yeux une pure inconséquence. Il est impossible en effet de s'élever à des considérations de finalité, sans franchir les limites de la science expérimentale. Qu'est-ce que la finalité, sinon un rapport qui relie un être ou un objet à un but qu'ils doivent atteindre et vers quoi ils sont ordonnés? Or, si l'expérience des sens peut nous apprendre d'où vient ce qui nous entoure, et encore à condition de ne pas remonter à la cause première et de nous en tenir à l'enchaînement des causes secondes, elle ne peut nous fournir aucun renseignement sur la fin des choses et les destinées des êtres.

Il y a longtemps qu'on s'est égayé, pour la première fois, de la prétention d'expliquer les côtes du melon par sa destination d'être mangé en famille.

Aucun effort pour tirer la finalité de l'expérience ne mérite d'être pris en plus sérieuse considération.

Encore une fois, si le problème des causes efficientes appartient en propre aux sciences expérimentales, celui des causes finales échappe complètement à leurs moyens d'investigation.

Rien de plus facile à comprendre !

Toute finalité implique une prédestination. Se poser, en particulier pour un être ou pour un objet, la question de sa cause finale, c'est admettre comme possible l'affectation de certains êtres ou de certains objets à des buts qu'ils doivent atteindre, à des fonctions qu'ils doivent remplir ; mais prédestination, affectation, voilà des mots qui nous lancent en plein mystère, car la chose qu'ils signifient évoque immédiatement l'intervention d'une intelligence, qui a conçu et ordonné la relation de l'être avec son but ou sa fonction. Placerons-nous cette intelligence dans le monde lui-même, dont elle sera l'âme éternellement mobile et tourmentée, cherchant sa réalisation suprême au cours d'un interminable devenir ? Nous inclinons alors vers une des formes du credo panthéiste. Si nous la plaçons en dehors de l'univers, c'est à d'autres professions de foi que nous sommes conduits. Mais qui ne voit que d'un côté comme de l'autre, nous nous évadons du domaine de la science expérimentale? Parler de loi de but et de cause finale, qu'on le veuille ou non, c'est amorcer un problème métaphysique.

Ce problème de métaphysique est indissolublement lié à la question de finalité, quels que soient l'échelon et la catégorie de faits où elle se pose. Le législateur qui élabore une règle de droit — loi de but, avons-nous dit — doit avoir pris parti sur la valeur du but poursuivi, il doit avoir une doctrine sur la famille, la propriété, sur le sens dans lequel les sociétés doivent normalement évoluer, il doit s'être fait une conception du progrès social ; sans quoi comment se permettrait-il d'employer la contrainte juridique pour imposer à l'activité humaine certaines directions et lui en interdire d'autres ?

Édicter une loi de but sous-entend évidemment que l'on conçoit une hiérarchie des buts à atteindre ! Édicter une loi de but c'est formuler, implicitement tout au moins, un jugement de valeur sur le but choisi et imposé et sur les buts dédaignés et défendus. Ce jugement de valeur, qu'est-ce autre chose qu'une affirmation d'ordre transcendantal sur ce que l'on considère comme le bien et le mal social, comme le bien et le mal individuel ?

Il est même piquant de remarquer à ce propos qu'un des griefs formés par M. Duguit contre la notion de droit subjectif, c'est qu'elle implique une hiérarchie des volontés, du moins dans un système juridique qui, comme le nôtre, donne comme fondement au droit l'autonomie de la volonté. Le passage doit être cité en entier : « La notion de droit subjectif, dit-il, implique toujours deux volontés en présence : une volonté qui peut s'imposer à une autre volonté, une volonté qui est supérieure à une volonté. Cela implique une hiérarchie des volontés, en quelque sorte une mesure des volontés et une affirmation sur la nature et la force de la substance volonté. Or cela est précisément une affirmation d'ordre métaphysique. Nous pouvons bien constater les manifestations extérieures des volontés humaines, mais quelle est la nature de la volonté humaine ? Quelle est sa force ? Une volonté peut-elle être en soi supérieure à une autre volonté ? Ce sont là autant de questions dont la solution est impossible en science positive (1). »

Je ne m'attarde pas à rechercher si ce grief est fondé. La discussion serait d'ailleurs oiseuse pour le moment. Je ne puis cependant ne pas souligner en passant l'insuffisance de l'argumentation précédente, spécieuse parce que superficielle. Il n'y a peut-être pas, en effet, de système juridique qui écarte plus nettement la question de mesure et de hiérarchie des volontés que celui qui donne, comme fondement au droit subjectif, l'autonomie de la volonté ; car, dans ce système, pour qu'une volonté soit en état d'infériorité, pour qu'elle soit liée, pour qu'il y ait obligation, il faut précisément que l'obligation ait été acceptée et voulue, aussi bien lorsqu'il s'agit d'une obligation privée entre particuliers que d'une obligation du citoyen envers l'État, née du contrat social. Il n'y a donc pas à mesurer la valeur respective de ces volontés, hiérarchisées ou dépendantes, mais à rechercher si cette hiérarchie et cette dépendance sont l'œuvre de volontés libres et éclairées.

(1) *Transformations du droit privé*, p. 12 et 15.

D'autre part, en ce qui concerne la notion de droit subjectif proposée par Ihering et perfectionnée par Léon Michoud (droit = intérêt juridiquement protégé), qui ne voit que la prétendue hiérarchie des volontés, tendant à réaliser les droits subjectifs, est rigoureusement établie en fonction des intérêts à représenter et à défendre ?

Et si l'on objecte que cette hiérarchie des intérêts ne peut être organisée sans l'intervention de concepts métaphysiques, ce que je ne fais aucune difficulté de reconnaître, je répondrai simplement, revenant à mon point de départ, qu'il en est de même de la hiérarchie des buts, dont la règle de droit impose la poursuite et la réalisation par voie de contrainte juridique.

Hiérarchie des buts du Droit objectif, hiérarchie des intérêts juridiquement protégés par des droits subjectifs, ce n'est là qu'un seul et même problème, dont la solution dépasse les données de l'expérience, quel que soit l'angle sous lequel on le considère.

II. — J'espère compléter ma démonstration en portant maintenant la discussion sur la solution que M. Duguit a prétendu dégager de la science expérimentale et qui consiste à donner, comme fondement aux règles du droit objectif, la solidarité ou interdépendance sociale.

Sur ce terrain, mon bien regretté collègue et ami Léon Michoud avait déjà amorcé le débat en termes excellents : « En vous disant, avait-il écrit à M. Duguit, que vous-même n'y échappiez pas (au reproche de métaphysique), je faisais allusion à votre théorie de la règle de droit, qui très certainement dépasse les données de l'expérience, car celles-ci nous montrent le fait de la solidarité, mais nullement l'obligation pour nous d'observer une règle en dérivant plus ou moins directement. Pour démontrer cette obligation, il faudrait démontrer non seulement qu'elle est nécessaire à l'existence et à la prospérité des groupements humains et à l'humanité elle-même, mais encore que nous sommes obligés de travailler à cette existence et à cette prospérité. Est-ce vraiment possible sans recourir à des notions transcendantales ? » (1).

(1) Duguit, *Transformation du Droit privé*. Appendice II, p. 186.

A quoi M. Duguit a répondu par cet extrait paraphrasé de son Traité de Droit Constitutionnel (1) : « Nous ne disons pas : l'homme doit coopérer à la solidarité sociale, parce que cette coopération est bonne en soi, mais l'homme doit coopérer à la solidarité sociale, parce qu'il est homme et que, comme tel, il ne peut rien que par la solidarité. Nous ne disons pas : l'acte de coopération à la solidarité est bon ; nous disons : l'acte de coopération a une valeur et des conséquences sociales. Quand une pierre tombe du haut d'une tour, je dis qu'elle obéit obligatoirement à la loi de la chute des corps : en disant cela je ne formule pas, je suppose, une proposition d'ordre transcendantal. Je n'en formule pas davantage, quand je dis que l'homme doit obligatoirement obéir à la loi de l'interdépendance sociale. »

Je ne sache pas que, depuis, M. Duguit soit revenu à cette argumentation pour l'améliorer. Nous avons donc le droit d'en faire état et d'en peser tous les termes ; d'autant plus qu'elle n'a pas été formulée incidemment et par surprise. C'est un système de défense échafaudé à loisir, pour ré-

(1) T. I, p. 19.

pondre à un reproche d'infidélité aux méthodes de la science positive.

Cette argumentation repose, à mon avis, sur une véritable méprise, je dirais presque : sur un quiproquo.

Si M. Duguit se fut exprimé ainsi : « De même que la pierre tombe sous l'action de la gravitation universelle, de même la solidarité ou interdépendance tend à s'accroître tous les jours entre les hommes vivant en société » il ne serait venu à personne l'idée de le contredire. Rien de plus naturel que de comparer le jeu d'une loi du monde social, à celui d'une loi du monde physique. Toutes ces lois sont des « lois de cause » induites de l'observation ou de l'expérience ; leur fonctionnement est réglé par le même déterminisme inéluctable et la comparaison eût aussi bien pu être établie entre la loi de gravitation et n'importe quelle loi sociale autre que celle de la solidarité.

Mais M. Duguit s'est exprimé autrement.

Il a dit « l'homme *doit obéir* à la loi de l'interdépendance sociale ».

Et il ne s'agit pas « d'obéir » dans le sens de « subir ».

Il n'y aurait plus alors là que la constatation d'une vérité banale. Les lois sociales existent : nous les subissons : nous faisons même parfois effort pour échapper à leur application, quand elle nous paraît nuisible. Sans doute, l'intention de M. Duguit n'a pas été de rééditer un pareil lieu commun.

D'ailleurs, cette intention est révélée par le contexte. Quelques lignes plus haut, dans la citation qui vient d'être rapportée, il y a ces mots « l'homme doit coopérer » qui nous éclairent sur le véritable sens du mot « obéir ». Et voilà bien le quiproquo auquel je faisais allusion ! Certes, si l'on prend obéir dans le sens de subir, tout le monde obéit à la loi de la chute des corps. Chacun de nous en a fait dans sa vie la fâcheuse expérience. Quant à y coopérer, c'est autre chose. Le mot même est vide de sens, car nous ne pouvons rien changer à la gravitation universelle ; tout au plus pouvons-nous courir le risque d'augmenter ses cas d'application, en pratiquant en montagne l'alpinisme acrobatique. Mais nous sommes là en plein badinage.

Il en va autrement des lois sociales, dont l'application peut être contrariée ou facilitée par le jeu de notre activite. La coopération à ces lois est quelque chose d'intelligible.

Mais alors se pose toujours la même question. Ou bien cette coopération sera imposée à notre activité par le législateur au moyen de la contrainte juridique. Elle sera transformée par lui en règle de droit. Et, ici, qu'on nous permette d'insister, car, nous l'avons vu, le danger des formules équivoques est à craindre. La loi sociale existe, la règle de droit est à créer, la coopération à la loi sociale devient la règle de droit.

Ou bien cette coopération est proposée et enseignée comme un devoir moral.

Dans un cas comme dans l'autre, qu'il s'agisse de contrainte juridique ou simplement morale, comment expliquer, comment légitimer cette contrainte, sinon par une pensée de finalité ? Si notre coopération à la solidarité sociale reste libre et volontaire, notre volonté doit y être sollicitée par un but, un idéal, une fin ! Si la loi nous y force, craignant que nous soyons trop nombreux à nous y soustraire, c'est à l'auteur de cette loi que nous demanderons quel est son but ou son idéal. De toutes parts les portes sont rouvertes aux notions transcendantales, aux jugements de valeur suggérés par la conscience, à la métaphysique !

Parvenu à ce point du débat, M. Duguit prend un suprême parti et s'évade dans l'échappatoire suivant. « La règle de droit fondée sur la solidarité sociale est en un sens la loi de la vie sociale. Cette règle ne dit pas à l'homme, fais cela, parce que c'est ton bien, parce que c'est utile, parce que ton bonheur en dépend. Elle lui dit, fais cela, parce que cela est. Elle ne repose pas sur un principe supérieur (toujours la phobie de la métaphysique) mais seulement sur la réalité » (1).

J'ai le regret, et je ne suis pas le seul à l'avoir (2) de ne plus trouver ici même l'ombre d'un raisonnement.

Suffit-il donc qu'une chose *soit* pour qu'il *faille* travailler à la faire *être* davantage. Constater une loi naturelle, est-ce que cela implique l'obligation d'y coopérer ? Bien au contraire, n'est-il pas sou-

(1) *L'État, le droit objectif et la loi positive*, p. 6.

(2) « Se bornera-t-il (M. Duguit) à nous renvoyer à cet impératif tout de même un peu gros et d'ailleurs inintelligible à le prendre à la rigueur », dit M. Archambault, dans une critique qu'il a faite des théories de M. Duguit : *Essai sur l'individualisme*, Bloud et C°, Paris 1913, p. 156.

vent arrivé que, par la connaissance des lois de la nature, lois sociales, biologiques ou physiques, l'homme n'a cherché que le moyen de s'en affranchir ? Et même, au dire de certaines gens, c'est en cela que consisterait le progrès !

Comme l'a déclaré avec une belle franchise un des sociologues de la première heure « C'est une proposition fort contestable que de dire que, dans tout ordre d'opérations, nous n'avons qu'à retenir les lignes d'évolution des phénomènes, qu'à en construire la résultante et à pousser de tous nos efforts dans la direction où elle nous mène. A ce compte les nations qui faiblissent devraient les premières travailler à leur disparition. Nous refusons de nous soumettre à cette technique du suicide (1) ».

D'autre part, la solidarité est-elle la seule chose qui *soit* et qui, à ce titre, ait droit à notre respect et à notre coopération ? La loi de la concurrence vitale et de la sélection des plus forts n'est-elle pas une réalité aussi tangible que la loi de l'interdépendance sociale ? Pourquoi la règle de droit, la pre-

(1) Espinas, *La philosophie sociale du XVIIIe siècle et la Révolution*. Paris, 1898, p. 14.

nant comme appui, ne nous imposerait-elle pas d'y coopérer en nous disant : « Fais cela parce que cela est » ? Pourquoi, bien au contraire, dans nos sociétés civilisées, les règles de droit prennent-elles souvent le contrepied de la loi de concurrence vitale, afin d'empêcher qu'elle ne s'applique aux sociétés humaines aussi librement qu'aux espèces animales ? Pourquoi préférer pour la société, l'avenir de l'interdépendance à celui de la sélection des plus forts et des mieux doués, et prendre ainsi parti pour M. Bourgeois contre Nietsche ?

Ce n'est pas évidemment dans le domaine de l'expérience qu'il faut chercher une réponse à ces questions.

La métaphysique s'acharne sur M. Duguit, et je tiens à montrer qu'elle le poursuit sur le terrain même où il nous engage à nous placer.

Le droit, dit-il, est fondé sur la solidarité sociale et les volontés individuelles ne méritent d'être juridiquement protégées que lorsqu'elles coopèrent à cette solidarité.

Mais à quelle espèce de solidarité ?

Car chacun sait qu'à l'exemple de M. Durkheim, M. Duguit distingue deux sortes de solidarités : la solidarité mécanique ou par similitude (similitude des besoins, des sentiments, des croyances) et la solidarité organique ou par division du travail et spécialisation des fonctions (1).

Laquelle vaut mieux que l'autre ?

Est-il exact, comme on l'a prétendu, que « ce qui renforce l'une affaiblit l'autre » et que ces deux solidarités « ne sauraient être recherchées simultanément dans une société donnée ? »

Est-il exact, tout au moins, « que chacune des formes de la solidarité est grosse d'un idéal différent » (2).

Si oui, il y a encore un choix à faire, donc un jugement de valeur à exprimer et une affirmation d'ordre transcendantal à formuler.

Par tout ce qui précède, je me suis efforcé de démontrer que, toujours, dans l'élaboration de la règle de droit, s'insère, à une phase quelconque de cette élaboration, un concept de finalité qu'il est impossible d'emprunter aux données de l'expérience. Je crois l'avoir prouvé, soit en envisageant

(1) V. plus bas p. 56.

(2) Archambault, *Loc. cit.*, p. 161 et-173. Conf. Durkheim. *Les règles de la méthode sociologique. Passim.*

le problème dans son ensemble, soit en limitant la discussion à la solution qui consiste à donner, comme fondement à la règle de droit, la solidarité sociale.

Cette solution, je ne l'ai pas critiquée en elle-même. Je me suis borné à montrer qu'acceptable ou non, ce n'était pas de la seule expérience et de la science positive qu'elle découlait et que les éléments de décision proposés en sa faveur avaient forcément comme appui un « parti pris métaphysique ».

La critique intrinsèque de cette solution me conduit à examiner les rapports de la Règle de droit avec les conceptions sociologiques, chères à M. Durkheim.

---

# Le Droit et la Sociologie

---

Il n'est pas douteux que la sociologie ait à se plaindre des sociologues. Si, par abus d'anthropomorphisme, nous lui communiquions le don de la parole, ce serait sans doute pour lui mettre sur les lèvres la prière bien connue : « Mon Dieu, préservez-moi de mes amis, je me charge de mes ennemis ! »

Les ambitions des sociologues ont nui à leur cause : elles ont été démesurées, encombrantes et se sont heurtées à des résistances que n'eussent point provoquées des visées plus modestes.

Ces résistances ont été si vives qu'on a été — c'était fatal — jusqu'à nier l'existence de cette science nouvelle, qui était le prétexte de pareilles prétentions. Ce coup droit n'a même pas été sans embarrasser les sociologues, car l'imprécision de leur situation scientifique fait à la fois leur force et leur faiblesse. Leur force ! Rien de plus facile, en effet, que de construire, si l'on emprunte sans vergogne les matériaux et le terrain d'autrui. Mais aussi leur faiblesse, car l'on rencontre toujours des esprits mal faits, pour prétendre qu'une science, qui se trouve partout chez elle, n'a peut-être pas de domaine propre.

On a fait en somme aux sociologues les mêmes griefs qu'aux géographes. Et cela se comprend. Aux pionniers d'une science nouvelle, comme à ceux d'une science renouvelée convient l'esprit d'aventure. Pour eux toute région inexplorée est une région sans maître et ce qu'ils découvrent leur appartient. La découverte est alors classée suivant la qualité du premier occupant ; c'est ainsi, par exemple, je me l'imagine, que si les sociologues fussent arrivés bons premiers, la fameuse « géographie humaine » eût sans doute porté le nom d'une catégorie sociologique.

Mais pourquoi prolonger cette vaine querelle,

s'il est vrai que ces chercheurs trouvent et nous rapportent quelque chose de vraiment nouveau ? A quoi sert de démontrer aux sociologues que, le plus souvent, ils ont fait œuvre d'historiens du droit, d'économistes, de psychologues ou de linguistes et qu'ils se trouveraient fort à l'étroit, s'il leur fallait se maintenir sur un terrain dont la propriété ne leur serait pas contestée ? Pourquoi les obliger à donner de la sociologie une définition gênante ? Car définir, c'est limiter, c'est, par conséquent, se réduire à la portion congrue et s'interdire, sur toutes les sciences sociales, ce droit de vaine pâture que les sociologues ont jusqu'à présent exercé avec tant d'entrain.

Je suis pour mon compte disposé à tout leur passer, sauf la prétention de tirer de la sociologie le fondement de la morale et de la règle de droit.

Mais sur ce point je reste intransigeant et toujours prêt à répéter, après M. Gény, que « pareille conception m'apparaît, dans son exclusivisme exaspéré, décidément et radicalement inacceptable (1) ».

La science expérimentale peut, par l'étude des

(1) Gény, *Science et technique du Droit privé*, p. 91.

lois sociales, nous suggérer l'emploi des procédés les plus propres à atteindre certaines fins, elle peut nous détourner de certaines pratiques, qui nous éloigneraient des directions que nous sommes décidés à suivre. En d'autres termes, elle est un auxiliaire de l'action, parce qu'elle nous renseigne sur les moyens d'action, mais ne lui demandons rien de plus et ne lui posons aucune question sur les fins de notre action.

Dans un passage de la préface de la *Division du travail social*, M. Durkheim ne paraît pas revendiquer un autre rôle pour la Sociologie. « Ainsi entendue, cette science (la sociologie) n'est en opposition avec aucune espèce de philosophie, car elle se place sur un tout autre terrain. Il est possible que la morale ait quelque fin transcendante que l'expérience ne peut atteindre. C'est affaire au métaphysicien de s'en occuper. »

Mais, dès la page suivante, le ton change.

« De ce que nous proposions avant tout d'étudier la réalité, il ne s'ensuit pas que nous renoncions à l'améliorer. C'est une habitude que de reprocher à tous ceux qui entreprennent d'étudier la morale scientifiquement, leur impuissance à formuler un idéal. Nous espérons que ce livre servira du moins à ébranler ce préjugé, car on y verra que la science peut nous aider à trouver le sens dans lequel nous devons orienter notre conduite, à déterminer l'idéal vers lequel nous tendons confusément (1) ».

Comment la science expérimentale, déclarée, quelques lignes plus haut, impuissante à atteindre les *fins transcendantes* de la morale, peut-elle nous aider à déterminer *l'idéal vers lequel nous tendons confusément*? En quoi cet idéal se distingue-t-il de la fin transcendante? J'avoue que ces questions restent pour moi insolubles. Si la contradiction n'est qu'apparente, M. Durkheim nous eût rendu un grand service en nous fournissant le moyen de la dissiper. Il ne l'a point fait, ce qui nous autorise à croire qu'il ne pouvait point le faire. J'ose dire que toute son entreprise scientifique porte le poids de cette inconséquence initiale.

Il n'est point dans mes intentions de présenter une critique complète de l'œuvre de M. Durkheim, d'autres avant moi ont assumé cette tâche et non

(1) Durkheim, *Division du travail social*. Préface, p. II et III.

sans succès. Lecteur attentif, je me contenterai de glaner sur leurs traces, persévérant dans mon habitude d'annoter la pensée d'autrui.

M. Durkheim est un laborieux, sa production est considérable, peut-être même ne m'est-elle pas connue dans son entier. Il me paraît possible cependant de dégager, de l'ensemble de ses travaux, trois idées dominantes :

1° La science expérimentale constate les variations de la morale suivant les temps et les lieux. Si la morale est telle à un moment donné, c'est que les conditions, dans lesquelles vivent alors les hommes, ne permettent pas qu'elle soit autrement. Il y a autant de morales que de types sociaux.

2° La science expérimentale peut nous renseigner sur le sens dans lequel les mœurs progressent.

3° La science expérimentale peut donner une explication au désir et même au devoir, pour chacun de nous, de collaborer à cette évolution normale des mœurs.

Il est entendu que les affirmations précédentes intéressent surtout les rapports de la sociologie et de la morale, mais je suis sûr de ne pas dépasser la pensée de M. Durkheim en les étendant aux rapports de la sociologie et du droit. En effet, au point de vue où nous nous plaçons en ce moment avec lui, les règles de la morale et celle du droit ne se distinguent que par l'énergie de leur sanction sociale, sanction diffuse de l'opinion pour les règles de morale, sanction précise de la contrainte juridique et de la répression pénale pour les règles de droit. D'ailleurs M. Duguit, que nous pouvons considérer comme un interprète autorisé de la pensée de M. Durkheim, ne nous dit-il pas qu' « il ne peut y avoir entre la morale et le droit qu'une différence de fait en voie d'évolution continuelle (1) ».

## I. — Les variations de la morale et du droit

La position de l'école sociologique de M. Durkheim, en morale, est de tous points comparable à celle que s'est faite, dans le droit, l'école historique, née, aux débuts du siècle dernier, de la polémique fameuse entre Thibaud et Savigny. L'intérêt de ce rapprochement n'est pas tant de repor-

(1) *Traité de Droit constitutionnel*, t. I, p. 19.

ter sur quelques précurseurs le mérite des inventions scientifiques de M. Durkheim, que de montrer que les deux écoles, vulnérables aux mêmes endroits, sont exposées aux mêmes attaques.

Pour l'école historique, les institutions et le droit sont le produit nécessaire du passé et non la création d'une volonté libre et réfléchie. Ils évoluent et se développent sous l'action d'énergies sourdes, auxquelles le jeu des activités individuelles ne saurait apporter d'entrave ni de collaboration appréciable (en admettant même que ces activités s'exercent dans le même sens et qu'elles ne se neutralisent pas, ce qui arrive le plus souvent).

Cette affirmation a servi de point d'appui à toutes les protestations dirigées contre la « politique métaphysique » des législateurs de la Révolution française qui « concevaient les phénomènes sociaux comme arbitrairement modifiables ». J'emprunte cette expression à Auguste Comte, qui l'a employée dans son *Cours de philosophie positive* (1). Il m'eût été facile de retrouver la même pensée sous une autre forme dans le *Système industriel* de

(1) T. IV, p. 306.

Saint-Simon qui est de date plus ancienne, ou enfin dans les *Considérations sur la France* et *l'Etude sur la Souveraineté* de Joseph de Maistre (1). L'idée que les phénomènes sociaux sont soumis au même déterminisme que celui qui gouverne le monde physique n'est pas, on le voit, une idée neuve. Depuis de longues années déjà la critique s'est exercée à son endroit et l'a suivie sur les différents terrains où elle s'est manifestée, droit, histoire et morale, si bien — et c'est là toute la portée de cette observation — qu'il ne convient actuellement de l'accueillir et de l'utiliser qu'en tenant compte de cette mise au point, qui est le résultat désirable de toute réaction provoquée par des formules sociales trop simples.

Il est d'une bonne méthode assurément de chercher, tout d'abord, l'explication sociologique de l'histoire, des mœurs et des institutions juridiques d'un peuple, mais ce serait une grave erreur de

(1) Bien que décidé à ne pas abuser des références, je crois utile de signaler quelques pages intéressantes sur les ancêtres de la Sociologie, ennemie de la « Politique métaphysique », dans Deploige, *Conflits de la morale et de la Sociologie*, p. 200 et suiv.

s'en tenir à cette explication, qui, tout en étant la principale, n'est point la seule. A côté du « nécessaire », il entre, dans toute évolution sociale, de « l'accidentel ». Le nécessaire, auquel correspond l'explication sociologique, c'est la poussée interne des antécédents que, vu la complexité des phénomènes sociaux, on n'est jamais sûr de posséder dans leur ensemble ; l'accidentel, ce sont tous les inattendus de la liberté et du génie humain, les pratiques individuelles, les inventions d'esprits dirigeants, propagées ensuite par l'imitation, au point que la poussée interne des antécédents peut être ralentie, accélérée ou parfois déviée.

L'action des individus dans la naissance ou le développement des phénomènes collectifs, langue, coutume, mœurs, droit, est certes déconcertante pour des savants, puisqu'elle échappe à la prévision, à la systématisation, qu'elle n'est pas « matière à lois ». Aussi ne s'étonnera-t-on point qu'un pareil problème partage les sociologues. Quelques-uns reconnaissent cette action, je citerai seulement parmi eux Schaeffle en Allemagne et surtout Tarde en France. D'autres la nient, M. Durkheim est du nombre. Je n'entends pas ici renouveler un débat, dans lequel j'ai d'ailleurs pris parti au cours des réflexions que j'ai faites en passant, au début de ces pages, à propos de la conception matérialiste de l'histoire. Il me suffit de préciser, par les deux citations suivantes, l'attitude de celui que l'on présente habituellement comme le chef de l'école sociologique française : « Ils (les phénomènes collectifs) ne partent pas des individus pour se répandre dans la société, mais ils émanent de la société et se diffusent ensuite chez les individus (1) ». « La cause déterminante d'un fait social doit être cherchée parmi les faits sociaux antécédents et non parmi les états de conscience individuelle (2) ».

Nous verrons, quand nous aborderons l'examen de la troisième des propositions, dans lesquelles j'ai cru pouvoir résumer les principes de l'école sociologique française, si M. Durkheim a toujours eu présentes à l'esprit les affirmations si nettes qui viennent d'être rapportées.

Ce n'est là qu'une première notation, limitée aux facteurs qui interviennent dans les variations de la morale et du droit.

(1) *La science positive de la morale en Allemagne*, p. 118.
(2) *Les règles de la Méthode sociologique*, p. 135.

Après la cause des variations, l'attention peut se porter sur leur importance et leur étendue. A force de varier, le contenu de la morale et du droit s'est-il complètement renouvelé au cours des âges, ou bien existe-t-il un résidu intangible de règles de droit et de principes de conduite, qui ait échappé à ces transformations incessantes et qui constitue, si limité soit-il, une sorte de patrimoine moral de l'humanité ?

Question singulièrement troublante à raison des conclusions qu'elle autorise, suivant qu'elle est résolue dans un sens ou dans l'autre. Si, dans le temps, il n'est pas un principe moral qui ne se soit usé en vieillissant, si, dans l'espace, la morale des différents peuples apparaît comme une mosaïque ou une bigarrure, où les préceptes les plus opposés forment constraste, quelle autorité peut-on réclamer pour ces règles éphémères ? De quelles fins s'inspire-t-on pour en assurer le respect ?

Si, au contraire, la pérennité de certaines règles de l'action est constatée, comment s'explique-t-elle ? Est-ce par un instinct obscur, à la source duquel nous ne pouvons remonter sans nous égarer en pleine métaphysique ? Est-ce par la constance des résultats favorables d'une expérience, qui a commencé avec l'apparition des premières sociétés humaines et qui se poursuit encore de nos jours? Mais quel est le critère qui fut ainsi à la disposition des premiers hommes et qui leur permit de reconnaître si les résultats de l'expérience étaient ou non favorables? Juger qu'un moyen est bon sous-entend évidemment l'intelligence de la fin à laquelle ce moyen est approprié. Conserver des règles de droit ou de morale, parce qu'elles sont efficaces et bienfaisantes, implique une notion de la bonne santé sociale et des conditions essentielles à la vie des sociétés. D'où viendrait cette notion chez les premiers hommes? La solution de cette question ressortit également à la métaphysique.

Malgré ce risque redoutable, bon nombre de sociologues inclinent à reconnaître l'existence du « résidu intangible ». « En dépit de ses variations dans le temps et l'espace, a écrit M. Espinas (1), la morale s'est toujours composée d'un petit nombre de principes essentiels, conditions essentielles de la vie sociale qui forment, en quelque

(1) *Les sociétés animales*, p. 147. (2e édit.)

sorte, le thème fondamental de la moralité ». Pareille concession parait avoir été faite à plusieurs reprises, au moins implicitement, par M. Durkheim (1).

Je n'entends apporter à ce débat d'autre contribution qu'une observation, je crois inédite, sur la position qu'y a prise l'école italienne de sociologie criminelle. Certes, s'il y eut d'audacieux penseurs, ce furent bien Enrico Ferri et les jeunes sociologues qui lui formaient cortège. La loi de saturation criminelle ! L'efficacité minime de la répression ! L'importance grandissante des « substituts de la peine » ! Qui ne se rappelle ces formules tapageuses, dont s'alarmèrent à tort les criminalistes dits classiques, car je crois avoir prouvé que l'on pouvait, sans craindre d'ébranler les bases traditionnelles de la justice pénale, accueillir tous les apports de la science nouvelle qui étaient vraiment le fruit de l'expérience et de l'observation. Le conflit ne pouvait naître que, lorsque les sociologues italiens, sortant des limites de la science expérimentale, se fourvoyaient dans la métaphy-

(1) V. citations dans Deploige, *loc. cit.*, p. 317.

sique, en niant la liberté morale au nom du déterminisme cosmique.

Si hardis qu'ils fussent, ils n'ont cependant jamais émis d'autres prétentions que de renouveler l'étiologie du crime et d'enrichir la politique criminelle de procédés rationnels. De toutes leurs investigations sociologiques, ne s'est dégagé aucun précepte inédit de morale sociale. Ils ont accepté, comme un postulat, notre conception vulgaire du crime et c'est la liste traditionnelle des actes punissables, qui leur a servi de guide dans leur recherche des facteurs de la criminalité.

Bien plus, un bon nombre de sociologues italiens, adeptes de la théorie lombrosienne du criminel-né, devaient être conduits logiquement à attribuer, à cette conception vulgaire du crime, un certain caractère de fixité et de permanence. Je fais allusion ici à la tentative de Garofalo (1). S'il existe en effet un type de criminel-né reconnaissable dans tous les temps et tous les lieux, il doit y avoir également un mode invariable d'activité, propre à cette catégorie anthropologique. Il serait

(1) Garofalo, *Criminologie*, p. 1 et suiv. — *Le Délit naturel*. 3e Édition, Paris, 1892.

inintelligible que l'on pût établir la constance des anomalies organiques ou fonctionnelles, d'où résulte la prédisposition au crime, et que, d'autre part, la notion du crime fut essentiellement changeante et conventionnelle. De telles variations, qui seraient admissibles s'il s'agissait d'un type social, doivent être écartées *a priori*, du moment qu'il s'agit d'un type anthropologique.

C'est ainsi que Garofalo a été conduit à formuler sa théorie du Délit naturel, que beaucoup ont critiquée sans paraître la comprendre. « Pour qu'un acte nuisible soit considéré comme criminel par l'opinion publique », il faut qu'il en résulte « une lésion de cette partie du sens moral qui consiste dans les sentiments altruistes fondamentaux, c'est à dire la pitié et la probité. Il faut de plus que la violation blesse, non pas la partie supérieure et la plus délicate de ces sentiments, mais la mesure moyenne dans laquelle ils sont possédés par la communauté et qui est indispensable pour l'adaptation de l'individu à la société (1) ».

(1) GAROFALO, *Loc. cit.*, p. 38.

Est-il besoin de faire observer que cette définition n'a point pour but de permettre l'énumération de tous les actes considérés comme criminels à toute époque et en tout lieu, mais seulement de mettre à part certains sentiments dont la violation a toujours été considérée comme criminelle?

A supposer — ce que je n'entends pas rechercher — que cette définition trouve un appui suffisant dans l'observation et l'expérience, il en résulterait que le respect des sentiments altruistes fondamentaux a été considéré par toutes les sociétés humaines comme une condition essentielle de la vie sociale. Inutile de souligner l'importance d'une pareille conclusion.

Cette définition du crime par Garofalo engageait un intérêt scientifique. Il n'en est pas de même de celle que proposait quelques années plus tard M. Durkheim. « Le crime est l'acte qui froisse des états forts et définis de la conscience collective (1) ». A ce compte, du point de vue sociologique, les précurseurs sont mis sur le même pied que les criminels : prêcher l'abolition de l'esclavage ou ensei-

(1) Durkheim, *Division du travail social*, p. 85.

gner la rotation de la terre autour du soleil, sont des actes qui ont mérité un jour d'être punis comme des forfaits.

## II. — Le sens de l'évolution sociale

La prétention de l'école sociologique de déterminer le sens du développement normal des sociétés, à l'aide des seules données de l'expérience, a provoqué des critiques que l'on peut classer en deux groupes. Les unes s'attaquent au critère même, à l'aide duquel les sociologues ont tenté de faire cette détermination, les autres portent sur le résultat auquel les a conduits l'emploi de ce critère.

A. — Et d'abord comment peut-on savoir qu'une société évolue normalement, qu'elle est en bon état de santé ? Comment peut-on distinguer le phénomène social normal du phénomène pathologique ?

D'après son degré de généralité ! Telle est la première réponse de M. Durkheim. La généralité d'un fait, permet de présumer sa normalité. Maxime, fort ancienne d'ailleurs, et dont personne ne songera à contester la vérité. *Id quod invenitur in omnibus aut in pluribus* — enseigne Saint Thomas — *videtur ex inclinatione naturæ. Illud enim, in quo omnes vel plures consentiunt, non potest esse omnimo falsum* (1). De toutes ces formules qui impliquent des tempéraments ou des restrictions, il faut inférer que, dans la pensée de Saint Thomas, comme dans celle des sociologues, la généralité n'engendre pas une certitude mais une présomption de normalité. A s'en tenir à la généralité seule, les plus fâcheuses erreurs sont possibles. M. Durkheim n'en a-t-il pas lui-même fait l'expérience lorsque, constatant la généralité du crime et son augmentation dans un certain nombre de pays civilisés, il a cru pouvoir affirmer — le paradoxe n'était d'ailleurs pas complètement nouveau — que le crime « n'est pas seulement un phénomène inévitable quoique regrettable, dû à l'incorrigible méchanceté des hommes, mais qu'il est un facteur de la santé publique, une partie intégrante de toute société saine (2) ».

A cette affirmation, Tarde a répondu de sa meilleure plume, et je me garderai bien d'affadir

(1) *Ethicorum*, L. VII, 1, 13.

(2) DURKHEIM, *Règles de la Méthode sociologique*, p. 82 et 83.

la saveur de cette polémique, en en faisant ici le résumé (1).

La première question à résoudre est en effet de savoir si une société se porte bien ou mal. Dans une société qui se porte mal, les phénomènes pathologiques peuvent acquérir un degré de généralité, qui peut faire croire à leur normalité. Quoi de plus normal que l'avortement et les pratiques anticonceptionnelles, si l'on en juge seulement par leur fréquence dans nos sociétés actuelles ?

Mais alors, si la généralité d'un phénomène social n'autorise à en présumer la normalité que si l'on est renseigné d'avance sur la bonne ou la mauvaise santé du corps social, où ce phénomène se produit, à quelles lumières recourrons-nous pour faire ce discernement ? Ne sommes-nous pas engagés dans un cercle vicieux ?

La difficulté n'a pas échappé à l'école sociologique, qui propose de compléter le criterium de la généralité ou « normalité de fait » par celui de

(1) V. *Revue Philosophique*, 1895, p. 148. Lire égalemant la réponse de Durkheim dans la même Revue, 1895, p. 518 et la réplique de Tarde dans les *Etudes de Psychologie sociale*, p. 158.

la « normalité de droit » qui peut s'énoncer ainsi : pour qu'un phénomène social, dont on constate par ailleurs la généralité, puisse être considéré comme normal, il faut qu'il soit « utile à l'organisme ou nécessairement impliqué dans la nature de l'être (1) ».

Mais il n'échappe à personne que, pour savoir ce qui est utile à l'organisme, il faut connaître la fin de cet organisme, et voilà au tableau une ombre métaphysique qui devrait mettre en fuite nos sociologues positivistes !

Nous rejetterons-nous sur la nature de l'Être ? Métaphysique, toujours la métaphysique.

B. — Arrivons maintenant aux résultats que M. Durkheim et son école ont obtenu par l'emploi du critère, que je viens de soumettre à la discussion. Ces résultats nous sont déjà connus par la critique que j'ai faite des idées de M. Duguit, qui s'est rallié sur ce terrain aux conclusions de M. Durkheim. Le phénomène social par excellence, le fait social vital, si l'on peut dire, c'est la solidarité. C'est sur elle seule que prennent appui

(1) Deploige, *Loc. cit.*, p. 299 et 300.

la règle de droit et la règle morale. M. Duguit, nous l'avons vu, l'a surtout envisagée comme appui de la règle de droit. Il s'attache à elle avec une ferveur aveugle, j'ai le droit de le dire, puisqu'il nous interdit tout jugement de valeur sur la solidarité : il ne veut pas que nous nous demandions si l'acte de solidarité est bon ou mauvais, s'il nous est nuisible ou utile, il veut que nous coopérions à la solidarité par ce qu'elle est « la réalité », « la loi de la vie sociale ». « Fais cela, nous dit-il, parce que cela est (1) ».

Je n'ai rien à ajouter aux réflexions que m'a suggérées cette solution, quelque peu brutale et vraiment trop simple, du problème de l'action, dont M. Duguit paraît être seul d'ailleurs à s'être contenté. Nous avons tout lieu de croire que la plupart des sociologues, que la distinction du normal et du pathologique a conduits à placer la solidarité au premier rang des conditions de la vie sociale, la proposent à notre activité comme une fin reconnue désirable par un jugement de valeur plus ou moins explicite.

(1) V. plus haut, p. 29.

Il n'est donc pas sans intérêt de se demander jusqu'à quel point il est exact de considérer la solidarité comme un phénomène de bonne santé sociale. C'est le seul point de vue auquel j'entende me placer en ce moment. Je réserve pour plus tard la question de la force obligatoire de la solidarité.

Ce qu'il faut observer tout d'abord, c'est que les sociologues ne paraissent pas se faire, tous, la même idée de la solidarité. Pour M. Durkheim et quelques-uns de ses disciples, la solidarité — et j'entends parler ici, pour être clair, le langage le moins scientifique possible — c'est tout ce qui contribue à faire la cohésion entre les hommes, à faire que la société est un tout et non pas une simple juxtaposition d'individus. Aussi y a-t-il deux sortes de solidarités : la solidarité par similitude, similitude des besoins, des intérêts, des croyances ou des sentiments ; et la solidarité par division du travail ou par répartition des fonctions. Pour M. Duguit il ne semble y avoir qu'une seule sorte de solidarité, la dernière, puisque dans un de ses livres les plus récents, il propose de remplacer le mot solidarité par celui d'interdépendance sociale (1). Or, il n'y a interdépendance que dans la solidarité par division du travail. La solidarité par similitude n'engendre pas, par elle-même, une interdépendance. En quoi, par exemple, un Français de religion catholique est-il dépendant des autres Français de même religion ? En quoi un ouvrier maçon est-il dépendant des autres ouvriers exerçant la même profession ? Je ne l'aperçois point. Ce qui est vrai, c'est qu'il y a entre ces croyants ou entre ces travailleurs une évidente communauté d'intérêt, qui les pousse à s'unir en vue de la défense ou de l'action. L'union peut ensuite conduire à l'organisation et de là à l'interdépendance.

Quant à la force qui naît de cette union, est-elle — nous demanderons-nous — un bien ou un mal? Tout dépend de l'emploi qu'on en fera. Tout dépend aussi du point de vue auquel on se place. Un groupement national, par lequel les catholiques français affirmeraient leur solidarité, serait sans doute très mal vu des militants de l'anticléricalisme, et l'on sait d'autre part que le syndicalisme

(1) Duguit, *Transformation du Droit privé*, p. 26.

ouvrier rencontre peu de sympathie dans le patronat. C'est sans doute parmi les partisans du monopole de l'enseignement que l'on a chance de rencontrer les juges les plus sévères de la Révocation de l'Édit de Nantes. Cependant, le développement de la solidarité par similitude ne devait-il pas être le résultat de ces deux actes en apparence si différents ? Si la solidarité est en elle-même une fin ou un bien, pourquoi traiter si diversement des actes qui ne peuvent que contribuer à la développer ?

La vérité serait-elle que la solidarité par similitude est, par elle-même, chose indifférente et que le jugement que l'on porte sur elle s'établit en considération de sa cause ou de son but ? La solidarité des travailleurs à domicile est née des abus du *sweating system* : devons-nous bénir le *sweating system* d'avoir donné aux hommes une nouvelle occasion de s'entendre et de s'unir ? N'y a-t-il pas lieu de poser la même question pour toute solidarité par similitude des besoins ou des intérêts ? Cette solidarité ne s'est-elle pas révélée surtout le jour où les besoins n'ont pas été satisfaits, ou le jour où les intérêts ont été menacés ? N'aurait-il pas été préférable qu'on restât plus longtemps sans en avoir conscience ? Il n'est point paradoxal de soutenir que la conscience de cette solidarité coïncide souvent avec un malaise social. De même, beaucoup de solidarités par similitude de sentiments ou de croyances n'ont pris consistance que sous l'action de persécutions, de schismes ou de crises morales, qu'il est difficile de transformer en facteurs bienfaisants de civilisation et de progrès.

Ce point de vue est encore plus aisé à défendre en ce qui concerne la solidarité par division du travail ou organique, cette solidarité qui fait que, de moins en moins, les hommes peuvent se passer les uns des autres, car, de plus en plus, chacun spécialise sa fonction et son activité. Il en résulte que, pour vivre intellectuellement ou physiquement, nous avons besoin du travail d'autrui, comme autrui doit compter sur le nôtre. En quoi cette forme de vie sociale est-elle supérieure à celle où chacun se suffit à lui-même ? Disons simplement qu'elle est la conséquence inévitable de découvertes scientifiques que l'on ne peut, sans heurter le sens commun, se refuser à qualifier bonnes et utiles. C'est ainsi que la division du travail, soit par professions, soit à l'intérieur même d'une profession, est un effet du machinisme ; la division du travail par régions est un résultat de la rapidité croissante des moyens de transport. Dans le domaine intellectuel, la spécialisation, qui est un aspect de la division du travail, est imposée par l'élargissement continuel des connaissances humaines. Or, s'il est impossible de nier que l'élargissement de nos connaissances, l'invention des machines ou la facilité des transports ne soient un progrès ou un bienfait, tout le monde sait qu'il est délicat de formuler un jugement de valeur sur la spécialisation scientifique, ainsi que sur la division technique ou régionale du travail, qui en sont les conséquences immédiates. L'interdépendance sociale vaut ce que valent les hommes qu'elle lie les uns aux autres. Si chacun, en exerçant sa profession, a conscience d'occuper, comme dit Ihering, un « poste de service social (1) », l'interdépendance est féconde et il est possible de retirer de la répartition des tâches tous les avantages qu'elle comporte. Si cet élément de fonction sociale est méconnu, le désarroi le plus complet est à craindre,

(1) IHERING, *Evolution du Droit*, p. 97.

le jour où toute une catégorie de professionnels cesse d'accomplir sa tâche, afin de poursuivre la satisfaction d'intérêts individuels. Lorsque l'interdépendance atteint un certain degré de complexité — dont les nations civilisées me paraissent aujourd'hui très rapprochées — le fonctionnement de l'organisme social exige rigoureusement que chacun, à son poste, fasse tout son devoir, et la vie collective risque d'être suspendue par la moindre défaillance. Nous évoluons évidemment vers un état politique et économique, où la vertu individuelle acquiert une importance sociale de plus en plus grande. Au point de vue politique, il faut un accroissement de la valeur morale et intellectuelle des individus à raison de l'émiettement de la souveraineté, qui est l'essence même du régime démocratique ; au point de vue économique, cet accroissement n'est pas moins nécessaire à raison de l'émiettement de la responsabilité et de la fonction sociale, conséquence d'une extrême division du travail. C'est dans l'accroissement des valeurs individuelles, s'il se produit, qu'il faut voir un phénomène certain de bonne santé sociale et non pas dans l'accentuation de la solidarité économique, qui peut devenir, au contraire, un danger redoutable, faute d'un développement parallèle du progrès moral. Il est donc inexact de dire, comme le fait M. Duguit, que la société « ne subsiste que par la solidarité (1) » à moins qu'on accepte de reconnaître, comme contre-partie, qu'elle peut aussi bien en mourir.

Arrêtée à ce point, la critique des résultats obtenus par la distinction du « normal » et du « pathologique » ne serait pas complète, car M. Durkheim, précisant le sens de l'évolution normale des sociétés, ne s'est pas contenté de dire « le sens de cette évolution, c'est le développement de la solidarité », il a été plus loin, et, faisant choix entre les deux formes de solidarité, il a attribué à l'une d'elles une supériorité sur l'autre.

Peut-être est-il utile de rappeler brièvement sa démonstration.

A l'origine, ce qui unit les hommes, c'est la similitude de leurs besoins, de leurs désirs et de leurs croyances (solidarité par similitude ou mécanique) ; dans la suite, la variété grandissante de

(1) *Traité de Droit constitutionnel*, t. I, p. 17.

leurs modes d'activité crée entre eux une interdépendance étroite et de plus en plus compliquée (solidarité organique ou par division du travail). A mesure que la civilisation progresse, la solidarité organique croît en importance et se substitue à la solidarité mécanique, qui, elle, perd du terrain, en raison du relâchement des liens créés par la communauté de croyances ou de sentiments.

De ces variations inverses des deux solidarités, nous avons le reflet, et par conséquent la preuve, dans des variations qui leur correspondent dans le domaine du droit. Dans les sociétés primitives, la prépondérance appartient au droit pénal qui sanctionne la solidarité par similitude, puisqu'il punit les crimes, c'est-à-dire les atteintes « aux états forts et définis de la conscience collective ». La plupart des codes anciens sont principalement répressifs, tandis que le droit coopératif, réglementant les échanges et le commerce juridique, est à l'état rudimentaire, comme l'est à cette époque la division du travail social. Plus tard, c'est l'inverse qui se produit ; la part du droit pénal diminue, tandis que l'importance du droit coopératif va sans cesse en grandissant. Il est permis d'en inférer que la solidarité due à la communauté des idées va en s'affaiblissant et que « la fonction de la division du travail est de faire tenir ensemble les agrégats sociaux des types supérieurs ». D'où, cette conclusion que, pour agir dans le sens de l'évolution normale du corps social, l'activité individuelle, comme l'activité législative, doivent tendre à accroître, à intensifier la solidarité par division du travail. Se spécialiser c'est se perfectionner. L'idéal ce n'est plus l'honnête homme d'autrefois, dispersant en surface sa curiosité et ses talents, c'est l'homme à compétence limitée, mais approfondie, capable de creuser un sillon et au besoin résigné à s'y enterrer.

Qu'il me soit permis de rappeler en passant que la réforme des programmes de notre enseignement secondaire et le discrédit officiel des humanités ont leur point de départ dans cette page écrite en 1893 où M. Durkheim affirmait la valeur morale de la spécialisation et de la division du travail (1). Cette remarque vient corser le débat sur le rôle

(1) DURKHEIM, *Division du travail social*, p. 39.

social des deux formes de la solidarité et lui communiquer une nouvelle actualité.

La prépondérance de la solidarité par similitude dans les sociétés primitives n'implique pas qu'elle soit une forme grossière et inférieure de la solidarité. Raisonner ainsi, c'est, à mon avis, commettre une erreur analogue à celle que l'on peut relever dans le livre de Thiers sur *la Propriété* (p. 358), au cours de la comparaison qu'il établit entre les impôts directs et les impôts indirects. « L'impôt indirect, dit-il, est l'impôt des pays avancés en civilisation, tandis que l'impôt direct est celui des pays barbares... Pays pauvre, pays esclave et impôt direct, pays riche, pays libre et impôt indirect ! »

La vérité, c'est que les impôts directs sont les seuls qui puissent exister dans les sociétés primitives. Ainsi s'explique facilement que ce soit les seuls que l'on y rencontre. Les impôts indirects, qui frappent la circulation et la consommation, n'apparaissent qu'avec le développement des échanges : ce qui suppose une transformation dans les conditions de la production, qui n'est plus limitée à la consommation familiale. Dès lors l'importance de ces impôts va en grandissant au fur et à mesure que des inventions nouvelles et le progrès des moyens de transport accroissent à la fois le nombre des produits et celui des débouchés.

A-t-on pour cela abandonné les impôts directs? Évidemment non, comme le prouve la simple lecture de nos budgets. Dans un système fiscal bien ordonné, à raison de leur proportionnalité, de la fixité de leur rendement et de la modicité relative de leurs frais de perception, ces impôts ont nécessairement leur place. C'est une ressource précieuse dans les temps de crise, et l'histoire financière de la France et de l'Angleterre au XIXe siècle prouve combien cette prévoyance a été opportune. Gladstone a célébré en des termes émus et presque lyriques les services rendus à l'Angleterre par l'income-tax, et, de nos jours, où l'on songe à poursuivre par l'impôt un but de justice sociale, n'est-ce pas à une forme de l'impôt direct que l'on réserve cette fonction?

Il en est de même de la solidarité par similitude, dans ses rapports avec la solidarité par division du travail. Ce qui diminue, c'est son importance relative, mais non son importance absolue. Les mêmes causes, qui ont fait naître et se développer les impôts indirects, ont fait naître et se développer la solidarité par division du travail. Si, dans nos budgets modernes, les trois quarts ou les quatre cinquièmes des ressources sont fournis par les impôts indirects, il ne faut pas en conclure que ce soit un bien, mais seulement une nécessité : les impôts directs ont une limite de rendement qui ne peut pratiquement être dépassée et, lorsqu'elle est atteinte, il faut bien demander le surplus aux impôts indirects. De même, comme les hommes ont plus de facilité à différer entre eux qu'à se ressembler, les inventions qui ont fait avancer la civilisation ont fait naître plus de causes de solidarité par division du travail que de causes de solidarité par similitude.

Mais de ce que les deux formes de solidarité se sont inégalement développées au cours des âges, il ne s'ensuit pas que l'une se substitue progressivement à l'autre, ni surtout que l'une ait une valeur sociale supérieure à l'autre.

Il est permis d'affirmer au contraire que les causes de solidarité par ressemblance sont plus nombreuses aujourd'hui que dans les sociétés primitives et que leur action est plus étendue.

Y eut-il aux temps antiques une solidarité religieuse comparable à celle qui unit actuellement tous les catholiqnes de l'univers et les groupe étroitement sous la loi d'une obéissance commune au Pape ?

Jamais, la grande guerre l'a superbement prouvé, le sentiment de la solidarité nationale n'a été plus vif et plus largement répandu.

Parlerai-je enfin de la solidarité professionnelle, à qui le régime nouveau de la production, né du machinisme, a donné un tel relief et un tel développement qu'elle s'élève peu à peu dans l'esprit public à la hauteur de la solidarité nationale. Un parallèle devient possible entre le développement de l'idée de patrie et celui de l'esprit syndical, et, bientôt, on se sentira d'une profession comme on se sent aujourd'hui d'une patrie. Par quoi l'on peut voir que si les découvertes scientifiques appliquées au commerce et à l'industrie ont prodigieusement accentué, dans nos sociétés modernes, la solidarité par division du travail, elles ont en même temps fait naître de nouvelles causes de solidarité par similitude. On peut même prétendre que le progrès des moyens de transport et d'information a particulièrement favorisé l'expansion de cette dernière forme de solidarité. Les hommes ont de plus en plus de facilités pour se rapprocher et se rencontrer, par conséquent pour se communiquer leurs idées et leurs croyances. La presse, le livre, le film sont d'incomparables générateurs d'ondes d'imitation. Y a-t-il une source plus abondante de solidarité par similitude que la lecture du journal quodidien ?

Il y a plus, il n'est pas exagéré de soutenir que, sur certains points, il y a plutôt recul de la solidarité organique et progrès inattendu de la seconde forme de solidarité. S'il est une solidarité par répartition des fonctions ou par division du travail qui ait de tout temps existé, c'est bien celle qui unit les deux sexes ? Aujourd'hui cependant, grâce au progrès des inventions mécaniques, qui mettent la force à la disposition des bras les moins robustes, l'homme et la femme travaillent l'un à côté de l'autre à l'usine, accomplissant les mêmes tâches et réclamant les mêmes salaires. En dehors de l'usine, même spectacle : la femme, dit-on, s'émancipe. Ceci veut dire que, sous l'influence d'aspirations nouvelles ou, plus simplement peut-être, sous la pression des besoins journaliers, elle ne veut plus ou elle ne peut plus continuer à être spécialisée dans les occupations ménagères : elle est conduite à un mode d'activité de plus en plus semblable à celui de l'homme. D'où une extension de la solidarité entre les sexes par similitude des intérêts et des besoins.

## III. — Le désir et le devoir de collaborer à l'évolution sociale normale

Faisons pour un moment table rase des critiques qui précèdent et admettons que nous ayons pu, avec certitude, dégager de l'expérience seule les signes extérieurs de la bonne santé sociale et le sens de l'évolution normale des corps sociaux. Bien plus, admettons que les seules données de l'expérience puissent faire naître en nous le désir ou nous faire accepter le devoir de coopérer à cette évolution sociale normale, c'est-à-dire au développement de la solidarité, quelle qu'en soit la forme. N'y a-t-il pas, à cette coopération une objection d'ordre pratique qui, dans une discussion conduite avec méthode, devient une question préalable ?

Cette coopération désirable, cette coopération dont nous reconnaissons la nécessité, est-elle possible ? Et cette question, je ne la pose pas à moi-même, mais à M. Durkheim qu'elle me semble devoir embarrasser. Si, conformément à la doctrine de l'école sociologique, l'évolution des mœurs et du droit s'opère uniquement sous la poussée interne des antécédents, on ne s'explique pas comment l'intervention de volontés libres et réfléchies, écartée comme inefficace quand il s'agit « de faire de toutes pièces une morale à côté ou au-dessus de celle qui règne » est au contraire déclarée opportune et opérante, quand il s'agit « de corriger celle-ci ou de l'améliorer partiellement (1) ». On refuse à ces volontés le pouvoir de construire, mais on leur reconnaît le pouvoir de réparer : pour ne pas descendre à des comparaisons plus humbles, disons qu'on agit envers elles comme envers un peintre, qu'on spécialiserait dans la retouche, sans jamais lui confier l'exécution d'un tableau. Tout ceci me paraît gros d'arbitraire et d'*a priori* et je doute que l'observation lui fournisse un appui.

(1) *Division du Travail social*, Préface, p. VI.

D'autre part, si l'action des volontés libres peut s'exercer pour améliorer ou corriger la morale régnante, c'est-à-dire pour ramener l'évolution des mœurs du pathologique au normal, n'est-on pas en droit de conclure qu'elles peuvent à l'inverse faire dévier cette évolution du normal au pathologique ? Si on ne l'admet pas, de quelles données de l'expérience s'autorise-t-on pour ne reconnaître l'efficacité de cette action que dans un seul sens ? Si on l'admet, la part de « l'accidentel » dans l'évolution sociale se trouve singulièrement grossie et il n'est plus exact de donner exclusivement aux phénomènes sociaux comme « causes génératrices les conditions où se trouve le corps social dans son ensemble ».

Mais laissons cette question préalable, son importance, quelle qu'elle soit, n'atteint pas celle du problème troublant, que fait surgir la prétention de l'École sociologique d'imposer, au nom d'une science expérimentale, l'accomplissement d'un devoir moral. Déterminer le sens de l'évolution, c'est un indicatif ; nous avons vu combien il est douteux que la sociologie puisse dégager cet indicatif des résultats obtenus par l'observation seule. Mais comment de cet indicatif passe-t-elle à un impératif ?

Le terrain est ici tellement battu, que, n'ayant d'autre intention que de glaner comme je l'ai fait jusqu'à présent, je ne m'y arrêterai pas longtemps, car tout espoir m'est interdit d'y trouver l'occasion d'une annotation inédite. Il est naturel, en effet, d'évoquer ici le souvenir de la retentissante tentative de M. Bourgeois, à condition toutefois d'observer qu'elle s'est développée parallèment à celle de l'école sociologique, sans se confondre avec elle. Bâtir une morale complète sur la solidarité, entendue dans un sens large s'appliquant au temps aussi bien qu'à l'espace, ce n'est pas la même chose que de transformer, en précepte moral, la coopération à la solidarité organique. Mais il est facile de comprendre néanmoins que ces deux entreprises intéressaient un grand nombre d'idées communes et qu'une bonne part des critiques provoquées par l'une ont pu s'appliquer à l'autre. Toujours est-il que ces critiques ne sont plus à faire et le crédit, dont les théories solidaristes jouissent encore, s'explique surtout par la vitalité des espérances qu'elles avaient fait naître et qu'on ne se résigne pas à abandonner. La faveur de la morale solidariste est surtout faite de l'hostilité contre la morale religieuse, qu'elle avait pour but de remplacer. D'avance, on était résolu à encourager son ambition et à fermer les yeux sur son évidente pauvreté. Dans ces conditions le souvenir des réfutations les plus péremptoires est rapidement oublié.

Remarquons, en passant, que la doctrine du droit solidariste, présentée par M. Duguit, n'était pas destinée à recevoir un accueil aussi facile dans les mêmes milieux intellectuels, car les conceptions, auxquelles il s'attaquait, se rattachaient étroitement aux doctrines des penseurs du XVIII^e^ siècle et de la Révolution, donnant au droit, comme fondement, la liberté humaine et l'autonomie de la volonté.

Je m'arrête dans cette digression qui m'entraînerait à formuler prématurément des observations, qui trouveront mieux leur place plus bas, et, puisqu'encore une fois, tout a été dit et bien dit sur l'appui que la morale peut trouver dans la solidarité, je me contenterai d'un simple raccourci des objections que soulève en particulier la prétention sus indiquée de l'école sociologique de transformer un indicatif en impératif.

« Vous devez coopérer, nous dit-elle, à la solidarité, parce qu'elle est la condition essentielle de la vie sociale, or vous devez vouloir que la société vive, puisque, ne pouvant vivre qu'en société, vous devez vouloir vivre vous-même. »

Dans cette suite de syllogismes, s'intercalent deux postulats. Le premier est celui-ci : « Je dois vouloir vivre ». Qu'il y ait un instinct de conservation ! Soit ! Ce fait est indéniable, mais que l'obéissance à cet instinct puisse être proposée comme un devoir moral, c'est une autre question. Bien plus, ne dit-on pas que l'homme grandit moralement, quand, parfois, il résiste à ses instincts et agit contrairement aux inclinations de sa nature ? Instinct ou devoir ! Nous touchons ici à la ligne de démarcation que les sciences expérimentales ne peuvent franchir, sans dépasser les données de l'observation. Ces sciences peuvent constater l'instinct, elles peuvent même en démontrer l'utilité, mais elles sont impuissantes à nous imposer, en conscience, l'obligation morale de lui obéir.

Voici maintenant le second postulat. « Pour vivre moi-même, je dois vouloir que la société vive ». Là encore je relève une équivoque. Est-ce l'intérêt de l'individu ou sa concience que l'on entend faire parler ainsi ? L'intérêt ? J'en doute fort, car, si je me refuse à employer mon activité au maintien de la bonne santé sociale et au développement de la solidarité, est-ce moi ou mes petits neveux qui en subiront les conséquences ? Qu'est-ce qu'une génération d'hommes dans la vie d'une société ? Et pourquoi m'inquiéter de faire vivre la société, quand je suis à peu près sûr de mourir avant elle. Certes, j'ai la ferme volonté de vivre, mais de vivre pour moi.

Au fond, ce que l'on me demande c'est de vivre pour les autres. C'est alors à ma concience que l'on s'adresse, c'est à des mobiles transcendantaux que l'on fait appel ; si les sciences expérimentales peuvent à la rigueur affirmer la valeur sociale du sacrifice et de l'abnégation, elles n'en établissent point l'obligation, pas plus envers nos contemporains qu'envers notre postérité. « Ma classe c'est mon ventre » s'est écrié un jour un ouvrier dans une réunion publique. Et il a eu des imitateurs.

Je ne sache pas qu'un sociologue, armé de la seule socialogie, ait jamais réussi à lui prouver qu'il avait le *devoir* de penser et d'agir autrement.

---

## Le droit et les suggestions du sens commun

---

Ainsi donc, toutes les fois qu'un juriste, abandonnant les questions de pure technique, s'élève à la considération de la fonction du Droit et du fondement des droits, il se heurte, tôt ou tard, au problème des fins, qui n'a de solution que dans la croyance. Je prends ici le mot dans un sens large qui embrasse, et au-delà, tout ce que M. Duguit entendait par métaphysique. J'ai l'impression ainsi d'être mieux compris et de poser plus franchement la question.

Cette conclusion, à laquelle nous achemine la suite des réflexions qui précèdent, marque un moment important dans l'évolution intellectuelle des juristes philosophes, qui ne cherchent pas à s'y dérober. Parmi eux, j'ai la satisfaction de compter M. Gény qui, nous l'avons vu, n'hésite pas à reconnaître que la recherche des concepts fondamentaux du droit nous conduit à scruter « le problème de l'action derrière lequel apparaît le mystère de la destinée humaine » (Le passage a été cité plus haut entièrement) (1).

Mais cet aveu fait, il recule et, avec cette modestie dont les penseurs de sa trempe donnent souvent l'exemple, « faute de temps et de place, faute de compétence surtout » il se refuse à s'engager pour son compte et à ses risques « dans de si hauts domaines de la pensée ». D'un autre côté, « il lui paraîtrait aussi dangereux que téméraire » de s'inspirer d'un système tout fait, « dont la ruine éventuelle détruirait toutes les constructions élevées sur sa base ».

Il est possible qu'en parlant ainsi, M. Gény ait en vue un système philosophique, plutôt qu'une doctrine religieuse : peut-être songe-t-il moins à une solution du problème de l'action qu'à une

(1) Gény, *Science et technique du droit privé positif*, p. 71 et 72.

solution du problème de la connaissance, dont il déclare que le juriste a également besoin, puisque, seule, « elle peut fixer la valeur et préciser les moyens de nos regards sur le monde ».

Cependant ce qu'il ajoute paraît bien s'appliquer aux deux problèmes et à toutes les variétés de solutions. « Puisque, dit-il, le droit est destiné à tous et ne peut se développer que par les efforts collectifs, il n'est pas raisonnable de penser qu'il dépende d'une conception générale du monde, qui, en fait, se trouverait étrangère à la plupart des intéressés, qu'on ne saurait même faire accepter à la majorité des jurisconsultes, et dont l'exigence entraverait toute l'évolution juridique. »

Mais, s'il en est ainsi, combien va devenir embarrassante la situation faite aux juristes, à ces juristes, dont tout l'effort doit tendre — c'est M. Gény qui l'a écrit — « à savoir pour pouvoir » ! Tandis qu'on les invite, pour « aboutir », à « scruter à fond » le problème de l'action et le problème de la connaissance, on les avertit en même temps qu'ils entraveront l'évolution juridique, dès qu'ils proposeront, pour diriger cette évolution, une solution de ces deux problèmes. N'y a-t-il pas là de quoi les décourager immédiatement d'une pareille recherche ?

Pour s'évader de cette impasse et, puisqu'il faut une philosophie « à toute œuvre humaine qui fait appel aux puissances de l'esprit », puisqu'il en faut une surtout à des penseurs qui concentrent leur étude sur des règles sociales, qui sont essentiellement des lois de but, génératrices de préceptes de conduite, M. Gény en est réduit à faire appel à la philosophie du sens commun.

« Sans doute, dit-il, pareille base sera jugée bien étroite, inconsistante et fragile, par les philosophes de profession ».

J'estime que les philosophes de profession ne seront pas les seuls de cet avis. Que le sens commun nous fournisse une solution pratiquement suffisante du problème de la connaissance, il faut bien l'admettre ! Où en serions-nous sans cela ! Principe d'identité, principe de causalité, dualité du sujet connaissant et de l'objet connu, objectivité de la connaissance, toutes ces vérités primordiales n'ont jamais fait défaut à l'humanité. De tout temps, elles ont fait partie de son bagage intellectuel, elles ont été vécues avant d'être formulées. Parfois, la philosophie s'est employée à nous en faire douter, mais leur évidence les a toujours sauvées et le pyrrhonisme n'a jamais été un danger pour la masse des intelligences.

Mais il en va tout autrement du sens commun appliqué à la solution du problème de l'action.

Or, ne l'oublions pas, c'est de cette solution que doit se dégager cette « inconnue » cette « réalité permanente » cette « entité fondamentale » dont la loi, la coutume et la jurisprudence ne sont que des « rayonnements partiels (1) ». Le problème de la connaissance n'intéresse pas moins la technique que la science du droit, mais le problème de l'action est lié à la recherche de ses concepts fondamentaux.

Eh quoi ! en être réduit au sens commun pour scruter ce problème « derrière lequel » répétons-le « apparaît le mystère de la destinée humaine ». A-t-on jamais réfléchi à ce que le sens commun peut nous suggérer en pareille matière ?

« Une aspiration vers une finalité intelligible, seule capable de donner un sens au monde — le

(1) *Science et technique*, p. 41.

principe du devoir basé sur la distinction du bien et du mal (1) ». Tels sont, d'après M. Gény, qui a dressé lui-même ce bilan, les apports du sens commun dans le domaine de l'action. Si modestes qu'ils soient, encore conviendrait-il de ne les accepter que sous bénéfice d'inventaire, car ils me paraissent grevés d'une lourde dette envers le long passé religieux de l'humanité, et l'on pourrait soutenir qu'ils ne procèdent pas du sens commun de la même manière que le principe de non contradiction.

Mais je n'entends pas insister sur ce point.

Tels qu'ils sont présentés, ces apports sont insuffisants et dépourvus de valeur scientifique. Jamais ils ne deviendront les ferments d'une évolution juridique.

Et d'abord, quel appui la règle de droit peut-elle trouver dans cette « aspiration vers une finalité intelligible, seule capable de donner un sens au monde ». Cette aspiration n'est qu'un besoin : seul, l'objet qui peut la satisfaire doit être désiré et proposé comme une fin. A quoi nous sert de

(1) *Science et technique*, p. 74.

constater ce besoin si nous n'avons pas le moyen d'y pourvoir ? Autant vaudrait l'ignorer, comme on cherche à tromper sa faim, quand on n'a pas de quoi manger. Vraiment le sens commun nous rend là un mauvais service.

Cette finalité, vers laquelle il nous fait aspirer, rien ne nous indique où nous la rencontrerons. Nous sommes libres de la chercher partout où bon nous semble, mais c'est seulement quand nous l'aurons trouvée, ou cru trouver, qu'une systématisation du droit devient possible. Une simple aspiration ne peut lui servir de fondement. Il est de toute évidence que les règles de droit, règles de but, ne peuvent être exprimées par la coutume, la loi ou la jurisprudence qu'en fonction d'un but préalablement choisi. Naturellement, qui dit choix, dit aussi exclusion. Quand on choisit, on se sépare de ceux qui font un choix différent et aussi de ceux qui ne choisissent pas du tout. J'arrive donc à une conclusion tout à fait contraire à celle de M. Gény ; loin de penser avec lui que l'adhésion à « une conception générale du monde » « entraverait toute l'évolution juridique » à raison des conflits qu'elle soulèverait, j'estime que cette adhésion est la condition essentielle du progrès juridique, puisque, sans elle, il est impossible de formuler des lois de but.

Passons au second apport du sens commun dans le domaine de l'action : le principe du devoir basé sur la distinction du bien et du mal, principe qui s'énonce ainsi : il y a un bien, il y a un mal : nous devons faire le bien et éviter le mal. Il ne s'agit pas ici de mettre en discussion la raison d'être de cet impératif, comme je l'ai fait pour l'impératif proposé par l'école sociologique « Tu dois vouloir vivre, etc... » La question est seulement de savoir si, en fait, et d'après les données de l'observation, ce principe se dégage du sens commun et s'il s'en dégage dans des conditions qui le rendent utilisable pour l'évolution juridique.

Existe-t-il, a-t-il toujours existé dans toute conscience humaine un fonds de moralité intangible, poussant à faire le bien et à éviter le mal ? Y a-t-il certains actes qui, de tout temps, aient été reconnus bons et d'autres mauvais ? (Cette seconde question, nous l'avons déjà effleurée avec la théorie du délit naturel de Garofalo). La difficulté qu'on éprouve à répondre sur ces deux points montre combien M. Gény a eu raison de qualifier « d'étroite, d'inconsistante et de fragile » la base, que peuvent fournir au développement du droit, les apports du sens commun.

Étroite surtout. Aussi M. Gény reconnaît-il qu'il appartient au juriste philosophe de l'élargir en proposant timidement à l'estampille du sens commun « tel ou tel emprunt aux doctrines en formation (1) », car le sens commun, qui doit servir de guide à « tous ceux qui contribuent à l'élaboration de la jurisprudence » n'est pas « figé, immuable, hiératique » mais « vivant et progressif (2) ».

Progressif ! mais, pour savoir s'il y a progrès, il faut savoir dans quel sens il faut marcher, il faut avoir une conception précise de finalité ! Or le sens commun ne nous apporte — on nous l'a dit — qu'une aspiration vers la finalité mais non pas la finalité elle-même. Parler de sens commun progressif, c'est sous-entendre que l'on emploie pour « scruter le mystère de la destinée humaine » d'autres ressources que celles du sens commun lui-

(1) *Science et technique*, p. 75.
(2) *Science et technique*, p. 73.

même. Ainsi s'accuse l'insuffisance de la philosophie du sens commun, insuffisance en beaucoup de points comparable à celle de la distinction du normal et du pathologique. Ni l'une ni l'autre ne peuvent fournir à des lois de but un appui et une direction, car l'une et l'autre laissent sans solution le problème des fins, mais toutes les deux sont d'intéressants moyens de contrôle et d'épreuve pour les directions que peut nous suggérer une doctrine transcendantale de l'action.

---

## Le droit et la croyance

### INTERPRÉTATION JURIDIQUE DE LA CROYANCE CHRÉTIENNE

Reprenons, après ce léger temps d'arrêt, la conclusion à laquelle nous avait conduits l'impossibilité reconnue de trouver un fondement purement sociologique au précepte moral et à la règle de droit.

Rationnellement, la fonction du Droit et le fondement des droits ne peuvent être déterminés que par des croyances.

En fait, ils ont toujours été déterminés par des croyances.

Des croyances, il y en a toujours, même aux temps

où l'on affecte de ne plus croire. Rousseau croyait à la bonté naturelle de l'homme, comme Lombroso croyait, avant même de s'être livré à ses observations multipliées, à l'existence du criminel-né. L'optimisme de certains économistes libéraux est une croyance. Croyance également, le culte fétichiste de la liberté et de l'autonomie de la volonté, en quoi se résume toute l'idéologie juridique depuis 1789. J'entends bien qu'on nous annonce que la phase individualiste de l'évolution du droit a pris fin. « Aujourd'hui, dit M. Duguit, nous avons la conscience très nette que l'individu n'est pas une fin mais un moyen, que l'individu n'est qu'un rouage de la vaste machine qu'est le corps social, que chacun de nous n'a de raison d'être dans le monde que par la besogne qu'il accomplit dans l'œuvre sociale (1) ». (Peut-être n'est-il pas sans intérêt de rappeler, en passant, que l'auteur de ces lignes se défend de faire de la métaphysique). Ainsi s'exprime une croyance nouvelle, la croyance que l'homme est fait pour la société, qui se substitue à la croyance inverse, que la société était faite pour l'homme. Ainsi s'opposent deux conceptions

(1) *Transformations du droit privé*, p. 157.

du droit individuel, celle du droit fondé sur la fonction et celle du droit fondé sur l'intérêt ; mais, en s'opposant, elles se ressemblent, tout au moins en ceci, que toutes deux dépassent les données de l'observation et de l'expérience, et s'inspirent d'une profession de foi religieuse ou philosophique. L'individualisme et le socialisme sont, avant tout, des croyances et comme toutes les doctrines juridiques, morales ou économiques gravitent autour de ces deux pôles, elles revêtent toutes, à un degré différent, un caractère de transcendance, depuis l'individualisme outrancier de la Révolution et des Juristes du XIXe siècle, jusqu'au mythe de la solidarité sociale, nouveau panthéisme, où les activités individuelles s'absorbent et se combinent comme en leur fin suprême. Entre elles, le choix est si vaste qu'au lieu d'élargir le sens commun à l'aide « d'emprunts » faits à des « doctrines en formation », comme l'y invite M. Gény, il me semble que le juriste devrait d'abord rechercher, si le même résultat ne peut être obtenu à l'aide d'emprunts faits à des doctrines déjà formées, d'autant plus que, parmi elles, il en est une, dont le sens commun a été si longtemps et si largement tributaire, que l' « emprunt » fait à d'autres sources, risquerait d'ouvrir pour lui une crise de désorientation et d'anémie.

Je parle de la croyance chrétienne.

Il m'a semblé intéressant, à un moment où l'esprit public est en pleine oscillation pendulaire, le ramenant des exagérations de l'individualisme à la réaction socialiste, de montrer ou plutôt de rappeler — car il s'agit d'une démonstration souvent faite et oubliée — qu'à la croyance chrétienne est liée une philosophie du droit, capable de fournir un appui et une explication à ce mouvement d'idées, qui permet, à certains auteurs, de prononcer le mot de « Transformations du Droit ».

Qu'on ne s'étonne pas du début mystique du court exposé qui va suivre. Sa raison d'être se dégagera rapidement.

Au point de vue chrétien, il n'y a pour l'homme qu'un plan de vie, le plan de vie surnaturel. La fin supraterrestre de l'homme n'est pas un décor lointain, qui complète et embellit une destinée, déjà intelligible sans ces espérances. Tout s'explique par cette fin, tout se rattache directement ou indirectement à cette fin.

Cette fin est de connaître et d'aimer Dieu. Y tendre dès cette vie est le seul moyen de l'atteindre après la mort.

En ce qui concerne la voie à suivre, la conception chrétienne du plan divin peut être ainsi résumée : *c'est par l'homme que passe le chemin qui mène l'homme à Dieu.*

Ceci doit être entendu dans deux sens.

1° L'homme, étant un être social, ne peut vivre qu'en société. Dieu a voulu que, *normalement*, il ne nous fût possible de remplir nos fins individuelles qu'avec l'aide de nos semblables et la coopération du corps social, dont nous faisons partie. Il est un ensemble de biens généraux que la société civile doit procurer à ses membres, parce que, médiatement ou immédiatement, ces biens correspondent aux exigenees de leur fin (justice, sécurité des personnes, des biens et du commerce juridique, hygiène, instruction) et qu'isolément, les individus n'ont pas le moyen d'y atteindre. D'autre part, bon nombre d'hommes souffrent d'une insuffisance de biens particuliers, également utiles à leur fin, insuffisance dont l'entraide social est assurément le meilleur remède.

2° Dieu a voulu que l'homme allât à l'homme non seulement par besoin mais par devoir. Il a fait de l'homme une fin pour l'homme, en déclarant *semblables* (1) le précepte de l'amour de Dieu et le précepte de l'amour du prochain, si bien que toute activité, mise au service des autres hommes, doit être considérée comme ayant Dieu pour objet et pour fin.

Or, il y a deux façons de mettre son activité au service des autres hommes, leur faire du bien individuellement, ou coopérer au progrès social, puisque nous venons de voir que les individus trouvent dans la vie en société un ensemble de biens généraux nécessaires à leur fin. Travailler à augmenter ces biens généraux, à les répandre et à les rendre plus accessibles, c'est donc remplir le précepte de l'amour mutuel ou, par équivalent, le précepte de l'amour de Dieu, notre fin, en d'autres termes. Et, comme nos frères ne sont pas seulement nos contemporains, mais aussi les hommes des générations futures, nous remplissons également ces préceptes, quand, au prix d'un sacrifice

(1) *Évangile selon S. Marc*, ch. XII, p. 31.

ou d'une endurance dont nous ne profiterons pas, nous nous efforçons de procurer à ceux qui nous suivront sur la terre des conditions de vie sociale et individuelle meilleures que les nôtres.

Ainsi s'éclaire et se justifie ce devoir d'abnégation, sans lequel aucun progrès durable n'est possible, celui de semer sans l'espoir de faire soi-même la récolte, devoir dont les générations successives doivent s'acquitter les unes envers les autres. Ainsi s'évanouit tout conflit rationnel entre les fins sociales et les fins individuelles. Nous n'avons plus à nous demander si la société existe pour les individus ou les individus pour la société. Il est hors de doute que la société existe pour les individus, et que rien ne peut être mis au-dessus des fins individuelles, mais il est non moins certain que ces fins individuelles doivent être *socialement* poursuivies. Chacun vit pour soi, en vivant pour les autres, puisqu'aux termes du précepte divin, les hommes sont, les uns pour les autres, les artisans et les moyens de leur salut individuel.

Ainsi peut être résumé l'enseignement traditionnel de l'Église. Le fonds en est resté toujours le même, bien que la méthode de présentation ait dû varier pour s'adapter aux préoccupations nouvelles. Aussi, lorsque nous rencontrons chez Renouvier l'affirmation suivante : « L'idée mère de la société des êtres raisonnables consiste en ce que chacun est une fin pour lui-même et doit posséder les moyens de cette fin par l'aide d'autrui, s'il est besoin et s'il est possible (1), » ne feignons pas d'oublier que cette « idée mère » est entrée, il y a bientôt deux mille ans, dans le patrimoine moral de l'humanité.

L'expansion sociale devenue la condition de la perfection individuelle, tel est donc le résultat, auquel conduit, immédiatement et sans artifice de raisonnement, le commandement du double amour.

Il est intéressant de signaler que ce résultat, MM. Durkheim et Duguit avaient essayé eux aussi de nous y acheminer, en nous faisant entrevoir « l'épanouissement suprême des activités individuelles (2) » comme la récompense de la coopération à la solidarité sociale et, en quelque sorte, comme une haute et secrète finalité de cette solidarité (3).

(1) RENOUVIER, *Science de la morale*, t. II, p. 15. (Édit. de 1908.)

(2) ARCHAMBAULT, *Loc. cit.*, p. 164.

(3) DURKHEIM, *Division du travail social*, p. 453.

Mais la corrélation, discutable d'ailleurs et difficilement intelligible, qu'ils ont tenté d'établir entre le développement de la personnalité humaine et l'intensification de la division du travail social, est une de ces conceptions dont l'attrait ne peut s'exercer que sur une élite de penseurs et qu'il ne faut pas songer à transformer en ressort général d'action.

Après ce rappel des données de la croyance chrétienne, il est possible d'en présenter l'interprétation juridique en quelques mots.

Du point de vue chrétien, les droits individuels ne sauraient être considérés que comme des moyens mis à la disposition de l'homme pour atteindre sa fin, et, comme il ne l'atteint que par l'accomplissement d'une série de devoirs (dont quelques-uns sont des devoirs envers lui-même, il ne faut pas l'oublier), il en résulte que l'accomplissement de ces devoirs est, pour l'homme, la raison d'être des droits qui lui sont reconnus. L'exercice d'un droit est toujours en corrélation avec un devoir, mais avec un devoir, qui, en principe, ne doit pas être imposé par contrainte, mais librement rempli. En effet, Dieu n'a pas voulu que l'homme fût déterminé vers sa fin, il a décidé qu'il y tendrait librement, si bien que le premier de tous les droits, la liberté — où depuis plus d'un siècle on s'est plu à voir une fin en soi — n'est lui-même, pour l'homme, qu'un moyen d'atteindre sa fin, puisqu'il est l'indispensable condition de son mérite moral.

Cette pensée de finalité, qui domine la reconnaissance et l'exercice des droits subjectifs, nous la retrouvons aussi impérieuse dans la règle de Droit qui les organise, dans le Droit objectif, pour emprunter la formule de M. Duguit. Je ne puis mieux la mettre en relief qu'en opposant la conception chrétienne du Droit objectif, à la conception individualiste, dégagée de l'idéologie révolutionnaire.

L'article 4 de la Déclaration des droits de l'homme, votée le 2 octobre 1789, qui servit de préambule à la Constitution de 1791, s'exprime ainsi : « La liberté consiste à pouvoir faire tout ce qui ne nuit pas à autrui. Ainsi l'exercice des droits naturels de chaque homme n'a de bornes que celles qui assurent aux autres membres de la société la jouissance de ces mêmes droits. Ces bornes ne peuvent être déterminées que par la loi ».

Et l'article 5 ajoutait : « La loi n'a le droit de défendre que les actions nuisibles à la société ».

Ainsi, l'unique mission du législateur est d'assurer la coexistence des libertés rivales, de prévenir ou de réprimer leurs empiètements réciproques. « Cela nous représente, dit Ihering, une série de sphères de liberté délimitées comme les cages d'une ménagerie, entourées de barreaux, pour que les bêtes fauves ne puissent s'entredévorer (1) ». C'est une image du même genre, qui a inspiré à M. Boutroux sa pittoresque formule de « l'entremangement », solution « la plus simple » de la concurrence vitale (2).

Si la règle de droit est la limitation d'une liberté, qui par elle-même est un bien, que faut-il conclure, sinon que « toute loi en soi est un mal » ? Et la conclusion a été en effet tirée ; je l'emprunte littéralement à un éminent juriste du dernier siècle, M. le doyen Beudant (3). Cette doctrine a été celle de nos Facultés de Droit pendant plus de cent ans.

(1) Ihering, *L'évolution du Droit*, p. 355.

(2) Boutroux, *Idée de la loi naturelle dans la Science et la philosophie contemporaine*. Édition de la *Revue des Cours et Conférences*, p. 131.

(3) Beudant, *Le droit individuel et l'État*, p. 148.

Je ne crois pas me tromper en affirmant qu'elle est actuellement enseignée encore dans la plupart des leçons introductives à l'étude du droit civil. Ce qui est certain, c'est que tous les juristes de ma génération y ont été formés.

La conception chrétienne de la règle de Droit est bien différente. Puisque la société est pour nous un auxiliaire indispensable dans la poursuite de notre fin individuelle, la mission du pouvoir social ne saurait être purement négative et se limiter à la prohibition. La règle de droit a pour but d'assurer la coopération, et non pas seulement la coexistence des activités rivales. La loi doit stimuler, aider, diriger ces activités et non pas seulement les entraver. Il n'est pas de son essence de défendre, mais bien plutôt d'ordonner ; et ce mot « ordonner », pris dans son acception la plus large (mettre de l'ordre, aménager en vue d'une fin) a été employé en effet comme terme spécifique par Saint Thomas d'Aquin, dans la définition bien connue qu'il a donnée de la loi « *Lex est quædam rationis ordinatio ad bonum commune* (1) ».

(1) Somme Théologique. Ia IIæ. Quæst. 90a. V. Formule identique IIa IIæ. Quæst. 95a 4.

Il serait hors de propos d'instituer ici une discussion sur ce qu'il faut entendre par le bien commun, car ce serait entrer dans le conflit des croyances pour y prendre parti. Pour MM. Durkheim et Duguit, le bien commun est évidemment le développement de la solidarité sociale organique ; pour beaucoup d'autres, c'est l'accroissement du bien-être matériel et de la prospérité économique ; pour M. Tanon, c'est l'utilité générale « confrontée » avec la conscience sociale (1) c'est à dire, avec un ensemble de désirs, de sentiments et de croyances, d'où procèdent des jugements de valeur inspirés par une finalité plus haute que la satisfaction des intérêts matériels; pour les anciens scholastiques enfin, le bien commun se résumait dans les postulats suivants : *Primo quidem ut multitudo in unitate pacis constituatur, secundo ut multitudo vinculo pacis unita dirigatur ad bene agendum, tertio vero requiritur ut per regentis industriam necessariorum ad bene vivendum adsit sufficiens copia* (2).

Avoir une conception du bien commun, implique

(1) TANON, *L'évolution du Droit et la conscience sociale*, p. 163.
(2) *De regimine principum*, lib. I, cap. XV.

que l'on s'est rallié à une doctrine de finalité, religieuse ou philosophique, et à la solution qu'elle propose de l'énigme du monde et de la destinée humaine. Ces solutions diffèrent et les conceptions du bien commun varient avec elles.

Ce que j'ai voulu seulement montrer, c'est que les « transformations » actuelles du droit, qui nous inclinent à abandonner la fonction négative et purement prohibitive de la Règle de Droit, pour lui reconnaître une fonction positive, une fonction de coopération à des fins sociales ou individuelles, nous ramènent à la conception chrétienne de l'*ordinatio ad bonum commune*.

Quand, après cela, poursuivant un intéressant rapprochement, on observe que, du même point de vue chrétien, il ne saurait être question de faire découler les droits subjectifs de « l'éminente dignité de la personne humaine », dont ils seraient l'inexplicable apanage, mais qu'il faut y voir des moyens ordonnés, eux aussi, vers une fin, on est porté à croire qu'en opposant à la conception du droit-intérêt, celle du droit-fonction, M. Duguit faisait, vers d'anciennes doctrines, un judicieux retour, qu'il a eu le tort de tenter d'expliquer par les seules ressources de la sociologie.

## Droit-Intérêt et Droit-Fonction

---

La date du 20 décembre 1907 est, à mon sens, mémorable, car, ce jour-là, la Chambre criminelle de la Cour de Cassation, sans peut-être y prendre garde, a rompu avec l'idéologie juridique dont s'inspiraient depuis cent ans la doctrine et la jurisprudence.

L'histoire de ce revirement est l'indispensable préface des considérations qui vont suivre.

La loi du 21 mars 1884, en reconnaissant aux Syndicats professionnels la capacité d'ester en justice, a immédiatement posé dans la pratique un problème embarrassant, celui de savoir dans quel cas le Syndicat avait un intérêt suffisant pour agir. Il était certain que l'action en justice, comme toutes les manifestations de l'activité syndicale, devait tendre à la défense des intérêts commerciaux, industriels, agricoles et économiques, but assigné aux Syndicats par l'article 3 de la loi. Mais, lorsqu'on avait fait cette constatation, la question n'avait pas avancé d'un pas, car il y avait toujours lieu de se demander si, dans cette défense des intérêts professionnels, le Syndicat pouvait, en tant que syndicat, se prévaloir d'un intérêt qui lui fut propre, d'un intérêt de groupement, distinct des intérêts particuliers des syndiqués. De la maxime « pas d'intérêt, pas d'action », on était en effet dans l'obligation de conclure qu'à une action syndicale, il fallait un intérêt syndical ; même réunis en faisceau, les intérêts particuliers des syndiqués ne pouvaient équivaloir à un intérêt syndical. Rien n'empêchait que ces intérêts particuliers ne fussent défendus en justice par le syndicat mandataire *ad litem*, mais cette action du syndicat mandataire n'était pas une action syndicale. Encore faut-il ajouter qu'aucun texte n'ayant investi le syndicat d'un mandat *ad litem* légal, pour représenter ses membres en justice, ce mandat devait nécessairement être conventionnel.

N'ayant pas l'intention de faire ici rien qui ressemble à une dissertation juridique ou à une note d'arrêt, je passe sous silence les premiers flottements de la jurisprudence à la recherche d'un intérêt corporatif distinct de la masse des intérêts particuliers. Il semble que d'assez bonne heure, elle ait rencontré un terrain d'élection, où cette distinction ne l'ait point embarrassée. C'est celui des actions exercées par les syndicats, se portant partie civile dans des poursuites pour falsifications ou pour concurrence déloyale (Syndicats de médecins ou de pharmaciens réclamant des dommages-intérêts à l'individu coupable d'exercice illégal de la médecine ou de la pharmacie. Syndicats de viticulteurs émettant la même prétention à l'égard des marchands de vins, coupables de falsification de vin et mise en vente de vins falsifiés, etc.). La recevabilité de ces actions devint de jurisprudence constante, et la Chambre des requêtes et la Chambre Civile de la Cour de Cassation suivirent, dans cette voie, la Chambre criminelle, dans tous les cas où l'action civile des Syndicats se présenta sous forme d'action principale. Bien plus encore, le législateur, à plusieurs reprises, sembla donner un appui à cette solution jurisprudentielle (1).

Les choses en étaient là, quand, en 1907, à la date précitée, la Chambre criminelle modifie brusquement sa jurisprudence. Elle cesse de reconnaître *de plano* l'existence d'un intérêt syndical, dans les catégories d'espèces auxquelles je viens de faire allusion ; elle exige que la preuve de cet intérêt résulte des décisions attaquées, et pour cela, il faut que ces décisions constatent que le délit a porté préjudice au syndicat, en temps que personne morale. A défaut de cette constatation, la recevabilité de l'action syndicale n'est pas suffisamment motivée, d'où cassation.

Désormais, pendant quatre ans, la Chambre criminelle cherchera à faire prévaloir cette nouvelle solution sur l'ancienne, à laquelle resteront fidèles la Chambre civile et la Chambre des requêtes. C'est seulement en 1913, qu'un arrêt du 5 avril (2), rendu, toutes Chambres réunies, sur deuxième pourvoi dans la même affaire, met fin à ce conflit de jurisprudence, en consacrant la recevabilité de

(1) Loi du 11 juillet 1906, art. 6, 3°. — Loi du 29 juin 1907, art. 9. — Loi du 5 août 1908, art. 2.

(2) Dalloz, 1914, I, 65.

l'action syndicale dans les mêmes conditions qu'auparavant. Mais si, sous une inspiration purement opportuniste, le conflit a pris fin, le débat n'est pas clos, car l'arrêt du 5 avril 1913 n'y a apporté aucun élément de décision nouveau. Avant comme après cet arrêt, le revirement de la Chambre Criminelle en 1907 doit retenir l'attention des juristes philosophes et reste pour eux un passionnant sujet d'étude.

La cause de ce revirement ne peut être en effet attribuée qu'à un examen plus approfondi du fondement des droits individuels et des conditions auxquelles ils peuvent être exercés. Si l'on admet — comme tout le monde paraissait le faire jusqu'alors — que l'intérêt est le fondement du droit et qu'il est en même temps la condition et la mesure de l'exercice de ce droit en justice, n'était-on pas, depuis les premières années d'application de la loi du 21 mars 1884, en pleine équivoque, n'était-on pas dupe d'une pure logomachie, faisant croire à l'opposition de deux réalités, quand on prétendait reconnaître l'existence d'un intérêt corporatif, d'un intérêt de groupement, qui ne se confondrait pas avec le faisceau des intérêts individuels ? Quelque dignes d'encouragement que fussent les initiatives prises par les syndicats de médecins contre les charlatans, ou par les syndicats de viticulteurs contre les fraudeurs, ce n'est point en l'arcboutant sur des considérations morales que l'on peut faire tenir debout un raisonnement d'ordre purement juridique. De deux choses l'une, ou la distinction de l'intérêt corporatif d'avec la somme des intérêts individuels est rationnellement possible, ou elle ne l'est point. Si elle est possible, elle doit recevoir le même accueil sur tous les terrains. Pourquoi dès lors ne la déclarer acceptable que quand il s'agit de la recevabilité d'actions syndicales patronales ? Pourquoi tant d'hésitation et si peu d'entrain, quand cette question de recevabilité se pose pour des actions de syndicats ouvriers ? Je précise. Pourquoi par exemple, lorsqu'un syndicat ouvrier réclame des dommages intérêts, en cas d'inexécution, par le patron, d'un contrat collectif de travail, décider que le syndicat, en tant que syndicat, n'a point souffert de préjudice et lui refuser toute indemnité, mais, cependant, déclarer son action recevable, et condamner le patron aux dépens et à une astreinte (qui comme on sait, n'est pas, en principe, une indemnité mais un simple procédé de contrainte à l'exécution des ordres donnés par le juge agissant en vertu de son *imperium* ? (1) Pourquoi surtout, lorsqu'un syndicat ouvrier se porte partie civile, au cours de poursuites engagées contre des patrons, pour transgressions aux lois sur la police du travail, écarter comme irrecevable cette action civile, soit pour défaut d'intérêt, soit pour défaut de qualité ? Toutes les tentatives que les syndicats ouvriers ont faites pour apporter, sous cette forme leur collaboration à l'application des lois ouvrières sont restées infructueuses, soit qu'elles aient échoué dès le début, soit qu'après avoir trouvé bon accueil auprès des premiers juges, elles aient été désapprouvées par la Cour suprême. Et cependant, l'intérêt que les ouvriers ont à assurer le respect des lois qui leur garantissent l'hygiène, la sécurité et des loisirs suffisants, n'égale-t-il pas en importance l'intérêt que les viticulteurs peuvent avoir à empêcher la mévente des vins ou le discrédit de leur profession ? Si la dis-

(1) V. Esmein, L'origine et la logique de la jurisprudence en matière d'astreinte. — *Revue trimestrielle de Droit Civil*, 1903, p. 17 et suiv.

tinction des intérêts individuels et de l'intérêt de groupements est possible dans le second cas, il est inexplicable qu'elle ne le soit point dans le premier.

La vérité serait-elle que cette distinction est chimérique et que, dans les circonstances jugées favorables, où on a cru l'entrevoir et où on a tenté de lui donner un corps, on a été, en réalité, victime d'une illusion ?

De bons esprits ne paraissent pas éloignés de le croire. Comme l'a dit, avec une légère pointe d'ironie, M. le Conseiller Falcimaigne, dans le rapport qui a précédé l'arrêt rendu, toutes Chambres réunies, en 1913 « tout le monde est d'accord sur le point suivant... le total des intérêts individuels des syndiqués ne forme pas l'intérêt professionnel collectif, mais il reste à découvrir le criterium susceptible de distinguer l'intérêt collectif de la somme des intérêts individuels. Après vingt-neuf ans de dissertations doctrinales, d'interprétation judiciaire et d'essais législatifs, la formule est encore à trouver ».

Et l'un des annotateurs habituels du Sirey, mon collègue Roux, nous en donne la raison péremptoire. La formule est à trouver, parce qu'elle est introuvable, parce que, dans la technique du droit en vigueur, « en se réunissant et en se groupant, les commerçants, industriels ou agriculteurs n'ont pu apporter et réunir que ce qu'ils avaient eux-mêmes en droit comme en biens et le droit individuel reste le *substratum* nécessaire de l'action intentée par le syndicat. Recevable là où ce droit individuel existe contre la concurrence déloyale, l'action syndicale cesse quand le droit individuel vient à manquer... L'action syndicale doit reposer sur le droit individuel (1) ». Et M. Roux en conclut que, lorsqu'il s'agit d'une profession libre, ouverte à tous, chaque syndiqué, étant pratiquement dans l'impossibilité de faire l'évaluation du préjudice individuel que lui cause la fraude ou la concurrence déloyale, l'action syndicale est irrecevable, car une addition de zéros ne peut avoir pour somme que zéro. Il adopte une solution différente, quand il s'agit d'une profession exercée en monopole.

Peu importe cette distinction, je n'entends pas

(1) S. 1908, 1, 107.

la discuter ici, pas plus que le mandat légal, par lequel M. Roux explique l'action syndicale, exercée au lieu et place d'un faisceau d'actions individuelles. Je ne retiens qu'une chose, c'est qu'à ses yeux, il n'y a pas un intérêt corporatif distinct de la somme des intérêts individuels. « L'action syndicale, dit-il, doit reposer sur le droit individuel ».

C'est également ma façon de voir et les formules étranges, auxquels sont acculés les partisans — intermittents — de la distinction n'ont pas peu contribué à me la faire écarter. « La profession apparaît comme une sorte de personne morale, d'entité juridique que le syndicat représente, qu'il a mission légale de représenter ». Ainsi s'exprime dans les conclusions, qui ont préparé l'arrêt de 1913, M. Sarrut, alors procureur général. Pour qu'une pareille expression « sorte de personne morale » s'égare sous la plume d'un juriste de si haute valeur, il faut qu'il ait constaté l'impossibilité d'asseoir cette fameuse distinction dans les catégories du droit en vigueur. Il s'est alors résigné à les élargir par la pensée, disons mieux, par le désir, par l'imagination, ce qui justifie littéralement l'épithète de chimérique, dont j'ai cru pouvoir qualifier plus haut cette distinction? Et d'autre part, où trouve-t-on dans la loi de 1884 cette mission légale de représentation dont seraient investis les syndicats? N'est-il pas notoire que l'esprit libéral de cette loi y est nettement opposé, et qu'à tort ou à raison, en 1884, dans la crainte d'ouvrir la voie au syndicat obligatoire, on s'est refusé à faire, des syndicats, des organes représentatifs de la profession, soit à l'égard des tribunaux, soit à l'égard des autorités administratives ou des employeurs?

Et puis, peut-on dire qu'il existe un intérêt de la profession distinct des intérêts des professionnels? C'est toujours la même question.

Et enfin, que devient cette conception, quand il existe plusieurs syndicats généraux de la même profession? Le cas peut se rencontrer dans la viticulture ou l'agriculture. Lorsqu'un seul de ces syndicats agit, a-t-il à lui seul la mission légale de représenter la profession?

Cette recherche d'un intérêt collectif ou corporatif distinct de la somme des intérêts individuels est donc pleine de déboires. Encore n'ai-je parlé que des actions syndicales. Il me serait facile de trouver, dans le domaine des actions associationnelles en général, l'occasion de poser le même problème d'une façon plus nette encore et plus décevante. Voici les faits. Le comité bordelais de vigilance pour la protection morale de la jeunesse et la répression de la licence des rues, association déclarée, s'employait, depuis plusieurs années, à faire interdire, lors des foires annuelles de Bordeaux, l'exibition de modèles en cire obscènes, dans des baraques, décorées du nom de Musées anatomiques. En octobre 1911, n'ayant pu faire prononcer cette interdiction par l'autorité admitrative, contrairement aux errements suivis les années précédentes, le comité cita directement, devant le Tribunal correctionnel, le tenancier de l'une de ces baraques. Cette action fut déclarée irrecevable. Parmi les motifs du jugement je relève le suivant : « Attendu qu'il est assez difficile de concevoir qu'une personne morale, qui n'est qu'une abstraction, ait une pudeur susceptible de souffrir d'exhibitions ou de spectacles qu'elle ne peut percevoir (1). »

(1) *Revue pénitentiaire et de Droit pénal*, 1913, p. 1204.

Voilà la formule libératrice, qui dissipe toute équivoque. Si la personnalité morale n'est qu'une abstraction, si, comme le concèdent Ambroise Colin et Capitant (1), elle n'est qu'un procédé de technique juridique, il faut reconnaître que le raisonnement est bon, mais qu'il doit s'appliquer aussi bien à un intérêt économique ou professionnel, qu'à un intérêt moral. Un procédé de technique juridique n'a pas plus d'intérêt professionnel qu'il n'a de pudeur. Ce sont les associés, les syndiqués ou même des catégories plus nombreuses d'individus, qui peuvent avoir ces intérêts, mais non le syndicat ou l'association, en tant que tels.

Mais alors quel va être le sort des actions exercées par des syndicats ou des associations, c'est-à-dire par des personnes morales, qui ne se proposent pas un but lucratif, et dont la personnalité n'a pas, pour principale fonction, d'opposer une propriété collective à des propriétés individuelles (2) ? Toutes ces actions devront-elles être écartées, faute d'intérêt (si la personne morale demanderesse excipe d'un intérêt de groupement),

(1) T. I, p. 652.

(2) Planiol, t. I, p. 983, note 3.

ou faute de qualité (si elle reconnaît agir dans l'intérêt des syndiqués, mais qu'elle n'ait point mandat légal ou conventionnel à cet effet) ? C'est sans doute la perspective d'une aussi grave conséquence qui a déterminé l'arrêt, toutes Chambres réunies, de 1913 et c'est pour cela que j'ai plus haut prononcé à son sujet le mot d'opportunisme.

La vérité cependant, — et la Chambre criminelle l'avait partiellement entrevue en 1907 — c'est que, dans un système juridique où l'intérêt du sujet de droit est, d'une part, le fondement du droit, d'autre part, la condition et la mesure de l'action, la recevabilité des actions associationnelles fait surgir un problème insoluble.

Ce problème est supprimé dans un système juridique, qui donne au droit subjectif, comme fondement, non plus seulement l'intérêt du sujet de droit, mais aussi une *fonction*, qui doit être exercée, un *devoir* qui doit être rempli. L'action associationnelle devient alors recevable, toutes les fois qu'elle apparaît comme l'exercice de cette fonction ou l'accomplissement de ce devoir.

Cette conception du droit subjectif, nous l'avons vu, n'est point nouvelle. Ceux qui tendent à nous y ramener aujourd'hui n'apportent pas tous dans cette réaction la même intransigeance. M. Duguit va jusqu'à exprimer le désir que l' « on écarte complètement l'emploi du mot droit, pour désigner le pouvoir qui appartient, à tout individu, d'agir librement, dans les limites du droit subjectif (1) ». Pour lui, il n'y a pas de droit subjectif, parce qu'il n'y a pas de hiérarchie des volontés, par contre il y a des besognes qui incombent à l'individu dans la société, il y a des fonctions qu'il doit remplir. Toutes les fois qu'il emploiera son activité à remplir ces fonctions cette activité sera socialement protégée. Il sera dans cette situation que nous désignons actuellement par ces mots : l'exercice d'un droit (2).

On ne saurait affirmer plus nettement l'équivalence du droit et de la fonction. La formule proposée par M. Hauriou (3) est loin d'être aussi absolue. « Tout droit, dit-il, est une synthèse de trois éléments combinés en proportions variables, mais dont aucun n'est jamais complètement absent,

(1) *Traité de Droit constitutionnel*, t. I, p. 1.

(2) *Transformation du Droit privé*, p. 28 et 29.

(3) *Traité de Droit public*, p. 32.

l'intérêt, le pouvoir et la fonction. Il n'y a pas de droit sans intérêt, pas de droit sans pouvoir de décision, pas de droit, si le pouvoir, exercé pour satisfaire à un intérêt, ne satisfait pas en même temps à une fonction sociale ».

Une observation est nécessaire. Dans cette synthèse, il est un élément que je passerais volontiers sous silence, c'est le pouvoir de décision. Dire du droit qu'il est un pouvoir de décision, c'est le décrire, plutôt que le définir, c'est-à-dire, en donner une connaissance scientifique, en fonction de son but et de sa cause. Tout droit est une faculté d'agir ou de ne pas agir, un pouvoir de vouloir, un pouvoir de décision; ce point n'est pas discutable. Ce qui importe, c'est le « pourquoi » de cette faculté ou de ce pouvoir, et, sur ce pourquoi, seuls les deux autres éléments de la synthèse, l'intérêt et la fonction, nous apportent la lumière. Peut-être hésiterait-on à dire qu'une force forme une synthèse avec sa direction, son but ou son point d'appui. La formule de M. Hauriou prête à la même critique.

Mais ce qu'il faut en retenir, c'est que, dans cette synthèse du droit, il admet un mélange, à dose variable, de l'intérêt et de la fonction, tandis que M. Duguit ne paraît plus apercevoir que la fonction.

A la hauteur où nous sommes, qui est celle des principes les plus élevés de la science du droit, la gravité d'une pareille divergence ne saurait être méconnue et l'on doit s'efforcer d'en apprécier exactement l'importance. Peut-être le désaccord est-il plus dans les mots que dans les idées.

Au fond, tout droit repose sur un intérêt et les partisans les plus résolus du droit-fonction ne peuvent en disconvenir, car l'exercice même d'une fonction ne peut avoir pour but que d'assurer la satisfaction d'un intérêt. L'opposition ne doit donc pas être faite entre le droit-intérêt et le droit-fonction, mais entre le droit, organe de défense de l'intérêt exclusif du sujet de droit, et le droit, organe de défense des intérêts collectifs. C'est seulement dans le second sens qu'il y a équivalence du droit et de la fonction. Car le mot fonction implique une société organisée, qui pratique la division du travail. Dans les sociétés primitives, chacun travaille pour soi, personne ne *fonctionne*. La fonction est une activité dépensée au service des autres. Il accomplissait certainement une fonction, ce président du comité bordelais de vigilance, qui cherchait à faire cesser des exhibitions malsaines : il luttait pour sauvegarder la moralité d'une foule d'enfants ou de jeunes gens, dont la plupart, sans doute, ne faisaient point partie du Comité et n'y étaient même point représentés par leurs parents. Ils accomplissaient une fonction, tous ces syndicats de médecins, de pharmaciens, de viticulteurs, de fabricants de conserves, de concessionnaires d'eaux minérales, etc., en se portant partie civile contre les auteurs de falsifications ou de faits de concurrence déloyale, puisque leur action tendait à défendre, en même temps que les intérêts de tous les professionnels syndiqués ou non, ceux de l'hygiène et de la santé publiques.

Le droit-fonction étant ainsi compris, pouvons-nous admettre que nous vivons dans un état social, où l'équivalence rigoureuse du droit et de la fonction puisse être posée? Pouvons-nous même admettre que nous nous acheminions vers un pareil état social? Évidemment non! Il existe encore un grand nombre de droits, dont l'exercice est sans répercussion appréciable sur la collectivité et ne présente d'utilité que pour le sujet du droit. Cela est, je n'ajoute pas cela doit être, je dis simplement que notre vie sociale serait singulièrement troublée, s'il en était autrement et si les situations, où notre activité s'emploie au service d'autrui, étaient les seules qui fussent juridiquement reconnues et protégées. Dans la conception chrétienne du droit, où le droit subjectif n'est pas mis en corrélation avec la *fonction*, mais avec la notion plus large de *devoir*, on s'explique qu'une situation soit juridiquement protégée, alors qu'elle ne met en jeu que l'intérêt du sujet de droit : car il existe, je l'ai dit, des devoirs envers soi-même (devoir de conservation, devoir de développement physique, devoir de culture intellectuelle et morale, devoir de fructification des dons personnels) qui justifient l'acquisition de certains droits, notamment de droits de propriété, à raison même des facilités que ces droits procurent pour l'accomplissement de ces devoirs. Une fois ces devoirs accomplis, la limite est atteinte, mais l'homme reste libre de la dépasser, puisqu'il doit tendre librement à sa fin.

Il n'est donc pas douteux que l'intérêt est un élément qui entrera toujours dans la « synthèse » du droit subjectif. Mais ce qui n'est pas moins certain, c'est que, par suite de l'accroissement de l'interdépendance entre les hommes, l'élément fonction sociale y prend une importance grandissante. Plus nous allons, plus la société s'intègre et s'organise, plus les activités individuelles s'enchevêtrent, à tel point qu'il nous devient difficile d'agir pour nous-mêmes, sans agir en même temps pour ou contre les autres. La division du travail social s'accentuant, nous avons de plus en plus besoin des autres dans la poursuite de nos fins principales et secondaires, et, d'autre part, nous avons plus de facilité pour leur nuire par les modifications de notre activité, dans l'intérieur même de notre sphère juridique d'action. Ainsi s'explique, nous l'avons vu, la prédominance dans les sociétés civilisées de ce que M. Durkheim appelle le « droit coopératif » et qui est destiné à satisfaire et à ordonner ce besoin que nous avons les uns des autres. Mais le moment arrive, où le législateur doit se préoccuper de réglementer la facilité que nous avons de nous nuire les uns aux autres, par suite de l'interdépendance, au moins autant que le besoin de coopérer. Le jour où l'élément de fonction sociale inclus dans un droit privé, atteint des proportions telles que l'ordre public serait compromis, si ce droit cessait d'être exercé conformément à sa fonction, le développement de l'intervention légale et de la contrainte juridique doit suppléer à l'accroissement improbable des vertus individuelles.



---

# TABLE DES MATIÈRES





DIJON. — IMPRIMERIE DARANTIÈRE.

www.ingramcontent.com/pod-product-compliance
Ingram Content Group UK Ltd.
Pitfield, Milton Keynes, MK11 3LW, UK
UKHW021906260726
13966UKWH00006B/1050